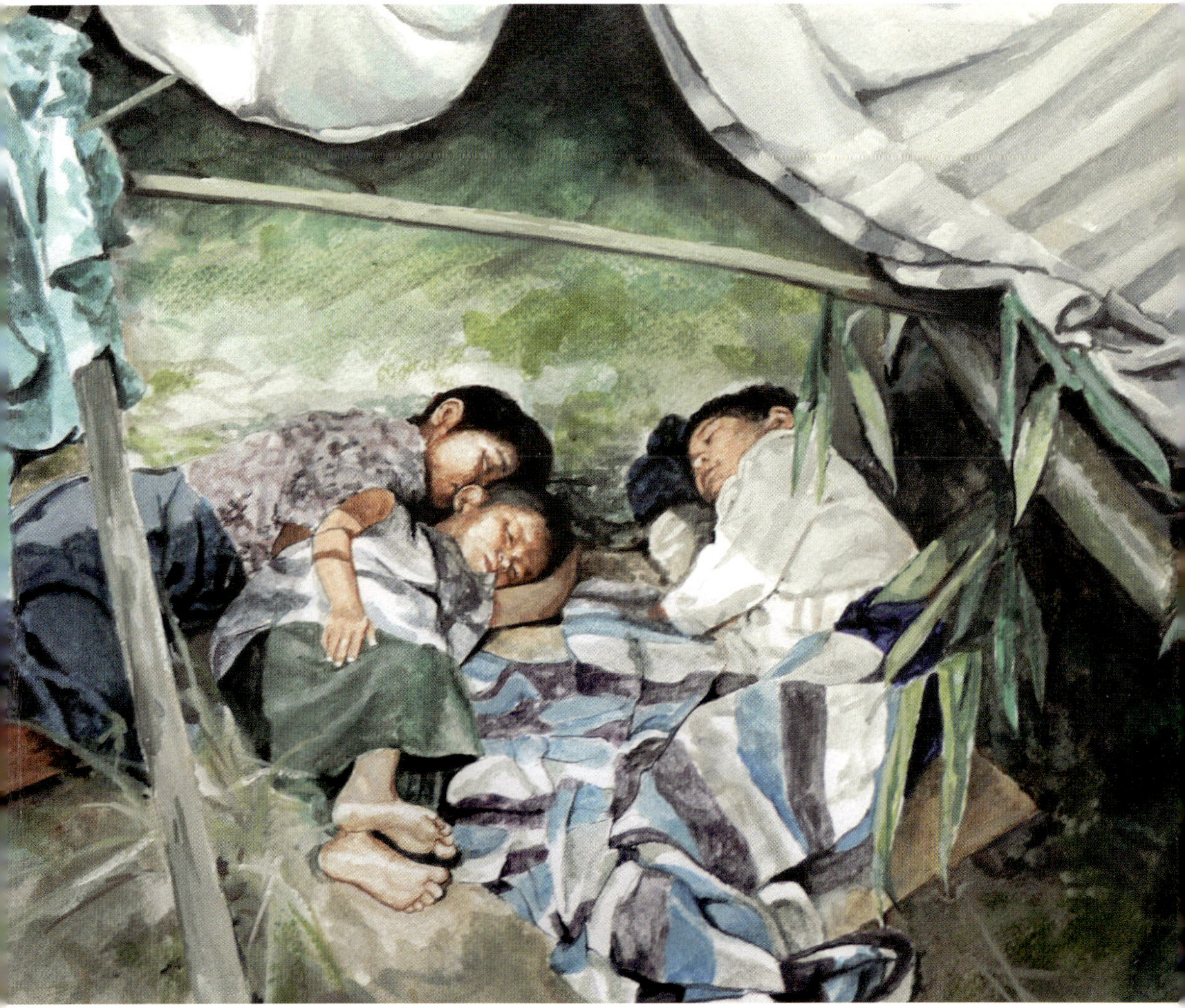

Drei Wochen waren sie alleine auf der Flucht. (Aquarell von Maung Maung Tinn, Flüchtling)

Mit freundlicher Unterstützung des Präsidiums der Südtiroler Landesregierung,
Amt für Kabinettsangelegenheiten

2006

Herstellung und Druck: Athesiadruck, Brixen
ISBN 88-8266-426-0
www.athesiabuch.it
buchverlag@athesia.it

www.helfenohnegrenzen.org
info@helfenohnegrenzen.org

Fotonachweis: Alle Fotos stammen von Benno Röggla, außer Seite 43/3 Inge Sterk,
Seite 67/2 Gertraud Tusch, Seite 107/3 Lorenzo de Gregorio

Foto Umschlag oben: Kinder im Flüchtlingslager Mae La
Foto Umschlag unten: Die Karen Flagge beim Don-Dance
Foto Seite 9: Auf dem Weg ins wahre Burma
Foto Seite 122-123: Sonnenuntergang über Burma

Grafik und Layout: Mediamacs, Bozen. www.mediamacs.com

Eigenproduktion

BIBLIOGRAFISCHE INFORMATION DER DEUTSCHEN BIBLIOTHEK

Die Deutsche Bibliothek verzeichnet diese Publikation
in der Deutschen Nationalbibliografie; detaillierte
bibliografische Daten sind im Internet abrufbar:
http://dnb.ddb.de

Benno Röggla

Und der Dschungel weint

Das wahre Burma

EINDRÜCKE. FAKTEN. BILDER.

Geschrieben für Helfen ohne Grenzen
www.helfenohnegrenzen.org

VERLAGSANSTALT ATHESIA | BOZEN

Inhaltsverzeichnis

Vorwort

Meine Liebesbeziehung zu Burma und seinen Menschen begann im Juni 1997. Nach dem Tod meines jüngsten Bruders Maxi wollte ich für einige Wochen weg. Zu sehr hat mich sein Dahingehen getroffen. Es war der erste Todesfall in meiner engeren Familie und ich konnte nur schwer damit umgehen. Darum wollte ich mir die Zeit nehmen, um mit seinem Tod klar zu kommen.

So ergab es sich, dass ich nach Burma gelangte, das damals gerade erst seine Grenzen für den Massentourismus geöffnet hatte. Es war Liebe auf den ersten Blick. Und ich hatte das Glück, dort einen Reisebegleiter zu finden, der mich auf den langen Überlandfahrten in seinem alten Auto über die wahre Situation in diesem Land aufklärte. Das ließ mir keine Ruhe und ich begann in ganz kleinem Rahmen, einige Menschen zu unterstützen, die ich dort kennen gelernt hatte.

Ich kehrte in das Land zurück. Inzwischen wusste ich so viel mehr und es schauderte mich, in einen so brutalen, menschenverachtenden Staat mit so einem perfiden Regime zu reisen. Aber mir war und ist meine Beziehung zu den Menschen wichtiger.

So kam ich nach Hsipaw, besuchte die Residenz der österreichischen Shan-Prinzessin Mahadevi Thusandi, erfuhr von der zuerst märchenhaft anmutenden Geschichte, dann vom schauerlichen Ende und ich beschloss, sie kennen zu lernen. Sie, das ist Inge Sargent geb. Eberhard, die heute mit den beiden Töchtern und ihrem Mann Tad in Colorado/ USA lebt. Wir schlossen Freundschaft und sie setzte mich dann mit einer anderen besonderen Frau in Verbindung.

Diese andere Frau ist Hebamme aus Deutschland und heißt Inge Sterk. Seit vielen Jahren half Inge freiwillig und auf eigene Kosten an der kleinen Flüchtlingsklinik in Mae Sot mit und hat dort die Geburtenabteilung und die gynäkologische Betreuung der Frauen mit aufgebaut. Ich begann, sie zu unterstützen und schnorrte auch in meinem Verwandten- und Bekanntenkreis um kleine Spenden.

Im Herbst 2002 lud ich Inge Sterk zu einigen Vorträgen nach Südtirol ein. Dies war der Startschuss zu Helfen ohne Grenzen. Ihr Besuch war nicht nur für mich ein wichtiges Ereignis. Auch die meisten Medien haben sich bei mir gemeldet, um ein Gespräch mit Inge zu vereinbaren und über ihre Tätigkeit zu berichten. In den Vorgesprächen wurde ich nach der Konto-Verbindung unseres Vereins gefragt. Es gab keinen Verein. Also lief ich von Pontius zu Pilatus, um mich über die Formalitäten für eine Vereinsgründung zu informieren. Ich entwarf die Statuten, fand den Namen und beglückte einige meiner Freunde mit dem Vorschlag, als Gründungsmitglieder mit zu machen. Gesagt getan, innerhalb von 2 Tagen stand der Verein Helfen ohne Grenzen und die Wende in meinem Leben war eingeleitet.

Inge lud mich nämlich ein, über Weihnachten 2002 nach Mae Sot zu kommen, um dort selbst zu sehen, wie schlimm es den Menschen tatsächlich geht. Ich fuhr für sechs Wochen hin. Inge führte mich überall herum und ein und erlaubte mir so, nicht nur die schlimme Situation an sich zu erfahren, sondern auch hinter die Kulissen zu blicken. Ich musste erkennen, dass es keine Frau, keinen Mann, kein Kind gab, die nicht in irgendeiner Form mit unmenschlicher Gewalt, Verletzungen, Foltern, Vergewaltigungen, Krankheit oder Tod konfrontiert waren.

Dieser Aufenthalt in Mae Sot veränderte mein Leben nachhaltig, gab meinem Tun eine neue Richtung, fügte meinem Leben neue Ziele und Sinn hinzu. Seit Jänner 2003 gehört meine Liebe den Flüchtlingen, den Karen, den Shan, den Karenni, den Menschen, die soviel Leid erfahren haben und dennoch liebevoll, herzlich, ehrlich, gastfreundlich geblieben sind und damit sich selbst treu.

Helfen ohne Grenzen ist heute, nach nur vier Jahren, zu einer wichtigen Einrichtung geworden, die nachhaltig und zuverlässig den Menschen hilft. Durch die Tätigkeit von Helfen ohne Grenzen und die so großartige Unterstützung der Menschen in Südtirol, Italien, Österreich und Deutschland können 4.000 Kinder zur Schule, werden viele Flüchtlinge medizinisch versorgt, bekommen Waisenkinder regelmäßig ein gesundes Essen.

Viele Freunde und Verwandte fragen, warum ich mir das antue, warum ich soviel Zeit und Geld und persönlichen Einsatz gebe, um diesen Menschen zu helfen. Meine Antwort ist, ich weiß es nicht. Ich tu es einfach. Und mit mir viele Mitglieder von Helfen ohne Grenzen, allen voran mein Sohn Marc, meine

Lebensgefährtin Gertraud Tusch, aber auch Stefan und Gitti Tribus, Wolfi Töchterle, Patrick Kofler, Peter Pöder, Markus Senoner, Francesca Prada, Karl Förster sowie Saisuda und Hans Günther Pohl, um nur einige zu nennen.

Es hat in diesen vier Jahren viele großartige Momente gegeben. Es ist einfach berührend zu sehen, wie sich mit unserer Hilfe das Leben und die Lebensqualität von so vielen Kindern und Erwachsenen nachhaltig verbessert. Es hat auch Rückschläge gegeben, das liegt in der Natur der Sache. Aber sie haben mich nur noch entschlossener gemacht, so wie auch die beiden schweren Erkrankungen, die mich lange Wochen aus dem Verkehr gezogen haben.

Viele Menschen sprechen mich irgendwie bewundernd auf meine Tätigkeit an, sehen in mir so etwas wie einen Helden. Das bin ich keinesfalls. Ich bin der gleiche Angsthase, der ich war, so wie jeder von uns. Ich habe mich nur meinem Schicksal ergeben und lasse mich führen. Was passiert, passiert, es macht alles seinen Sinn. Und ich habe einige Schutzengel, die auf mich schauen. Danke Mama, danke Maxi!

Mit diesem Buch möchte ich das wahre Burma und seine Menschen, die vergessenen Flüchtlinge, den Lesern daheim näher bringen, aus den fernen Fremden nahe Vertraute machen. Es ist weder ein Fachbuch, noch ein Bilderbuch, noch ein Roman. Es besteht aus einer sehr persönlichen Geschichte, die den Leser wie ein roter Faden begleitet, ein Eintauchen in diese gedanklich so ferne, aber dennoch so nahe, so schrecklich wirkliche Welt ermöglicht und dabei schonungslos die wahre Lebenssituation der Menschen beschreibt.

Dazu gestellt habe ich die nackten Fakten zu Burma. In eigenen „Fact Boxes" durchleuchte ich die verschiedenen Aspekte zu, in und über Burma. Und auch diese nackten Fakten sind für sich alleine schon schlimm genug und wären eigentlich Grund und Rechtfertigung, die UNO und die großen westlichen Mächte zum Eingreifen zu bewegen, um dem finsteren Treiben der Mörderbande an der Macht ein Ende zu bereiten. Aber nichts geschieht. Big Brother China lässt grüßen.

Umrahmt wird alles von vielen Fotos, die ich während meines Marsches zu den Menschen in ihren Dörfern und Verstecken im Dschungel Burmas und bei meinen verschiedenen Aufenthalten in Thailand an der Flüchtlingsgrenze und im touristischen Burma geschossen habe.

In meiner Geschichte kommen so gut wie keine Namen vor. Weder von Menschen noch von Orten. Auch sind keine Bilder von meinen Karen Freunden zu sehen, die mich auf meinem Marsch begleitet haben und für meine Sicherheit und Wohlergehen gesorgt haben. Dies geschieht aus Gründen ihrer Sicherheit und der Sicherheit der Menschen in den Dörfern. Meine Freunde haben mich darum gebeten.

Apropos Namen: Die Generäle haben das Land in Myanmar umgetauft, und viele Namen von Städten, Gebieten, Flüssen geändert. Nachdem das Regime keine Legitimation durch den Souverän das Volk hat, verwenden ich im Einklang mit internationalen Gepflogenheiten weiterhin die - zugegebenermaßen auch falschen - britischen Namen (Burma statt Myanmar, Rangoon statt Yangon, usw).

Ich bin glücklich, dass mein Leben diese Wende genommen hat, dass ich über das Schicksal dieser vergessenen Menschen erzählen und ihnen zusätzlich noch etwas helfen kann.

Mögen alle Menschen glücklich sein!

Benno Röggla
Bozen, Juli 2006

Alle Einnahmen aus diesem Buch gehen
an Helfen ohne Grenzen und können
vom Verein für die eigene
Arbeit eingesetzt werden.

Danke

Viele Menschen haben mich in den letzten 4 Jahren eng begleitet, mich unterstützt, mir Mut gemacht, mir geholfen. Ebenso haben viele Menschen beigetragen, dieses Buch zur Druckreife zu bringen. Dafür möchte ich mich bedanken.

Mein erster Dank geht an meinen geliebten Sohn Marc. Du hast mir das schönste Geschenk gemacht, das ein Vater bekommen kann. Du unterstützt mich nicht nur durch aktive Mithilfe, sondern auch durch deine Anteilnahme und dein Verständnis. Aber das Wichtigste ist, durch deine verantwortungsvolle, achtsame und rechte Lebensführung habe ich mir nie Sorgen machen müssen. Das hält den Kopf frei und gibt Kraft. Danke dir!

Meiner Lebensgefährtin Gertraud Tusch gilt der nächste Dank. Du gibst mir nicht nur den nötigen Rückhalt, sondern du hast dich auch infizieren lassen. Heute bist du selbst bis über alle Ohren in dieser Sache drinnen und arbeitest mit Herz und Seele für die Flüchtlinge und Helfen ohne Grenzen.

Ich möchte mich des Weiteren bei allen Mitgliedern von Helfen ohne Grenzen bedanken, allen voran den Kolleginnen und Kollegen des Vorstandes. Durch euren Zuspruch, durch eure aktive Mithilfe fühle ich mich aufgehoben und motiviert.

Dank sei auch allen gesagt, die an der Entstehung dieses Buches in irgendeiner Form mitgeholfen haben:

- Dem Amt für Kabinettsangelegenheiten, Land Südtirol, für den großzügigen Beitrag für Grafik, Druck und Übersetzung.

- Den Lektoren Marc Röggla, Gertraud Tusch, Karin Überbacher, Eva Maria Bernhard, Gitti und Stefan Tribus und Aung Thiha für die vielen Ideen, Ratschläge und die schonungslose Kritik.

- Elfi Reiter und Karin Überbacher für die gelungene Übersetzung ins Italienische, Francesca Prada und Bianca Fornara für die Übersetzung der Fact Boxes und das aufwändige Lektorat.

- Wolfi Töchterle und Kurt Hofer vom Graphikstudio Mediamacs für die grafische Gestaltung und dafür, dass sie so geduldig alle meine nachträglichen Änderungen akzeptiert haben.

- Meinem Freund Lorenzo de Gregorio und Gertraud Tusch danke ich für die Überlassung von zusätzlichen Fotos.

- Elisabetta Leonardi, Leiterin unseres Mobilen Ärztedienstes: du bist ein Engel.

- Maung Maung Tinn, wie du dein Leben als Flüchtling lebst, ist mir Vorbild. Deine Gemälde geben mir Kraft und Entschlossenheit.

Ich möchte mich auch bei meinen Freunden und Partnern an der Grenze bedanken. Euer Schicksal erlaubt es mir und allen bei Helfen ohne Grenzen, menschlich zu wachsen und die Welt mit anderen Augen zu sehen. Ich danke für eure Nähe, euer Vertrauen, eure Ehrlichkeit und eure Freundschaft. Ich danke euch, dass ihr mich mit zu den Flüchtlingen in ihren Dschungelverstecken genommen habt. Und ich danke euch, dass ihr dort für meine Sicherheit und mein Wohlergehen gesorgt habt.

Ein herzliches Dankeschön der Firma Sportler, Bozen für die kostenlose dschungeltaugliche Ausrüstung der Firma Salewa.

Ein Strahl Sonne geht an die beiden Inge's, Inge Sargent und Inge Sterk, die mich auf diesen Weg gebracht haben.

Ein großer Dank auch allen kleinen und großen Spendern und allen Menschen, die mich immer wieder ermutigen. Ohne euch wäre alles nicht möglich.

Danke!
Benno Röggla

Bozen im Juli 2006

Helfen ohne Grenzen

- Der Hilfsverein Helfen ohne Grenzen wurde am 12. September 2002 auf Initiative von Benno Röggla gegründet, der dem Verein vorsteht.

- Der Sitz von Helfen ohne Grenzen ist Bozen in Südtirol/ Italien.

- Im Jahr 2005 wurde auf Initiative von Karl Förster und Hans Günther Pohl der Tochter-Verein Helfen ohne Grenzen Deutschland mit Sitz in Ansbach bei Nürnberg und 2006 durch Gertraud Tusch Helfen ohne Grenzen Österreich mit Sitz in Oberperfuss bei Innsbruck gegründet.

- Helfen ohne Grenzen hilft unter Überwindung von physischen Grenzen, aber auch von Grenzen in Kopf und Herzen, allen Menschen, „...die als Folge von Krieg, Unterdrückung, Willkür, Repressalien, Folter, etc. an Hunger, Krankheiten, Bildungsmangel, Elend und Verwahrlosung, etc. leiden..."

- Der Verein verpflichtet sich, jede Spende zu 100 Prozent den Projekten zufließen zu lassen. Die Kosten für Verwaltung und Reisen deckt Helfen ohne Grenzen über die Beiträge der Mitglieder, Verkäufen von T-Shirts und Handwerksarbeiten sowie öffentliche und private Beiträge.

- Zum Zeitpunkt der Drucklegung hatte der Verein knapp 170 Mitglieder und betreute unter anderem die folgenden Projekte:

    - 43 Schulen für über 4.000 Flüchtlinskinder im thailändischen Exil und in den Dschungeln Burmas.
    - Einen Kindergarten, 2 Waisenhäuser und insgesamt 7 Schülerheime für Flüchtlingskinder.
    - Eine Prothesenwerkstatt, die pro Jahr 200 Prothesen für Minenopfer herstellt. Finanziert vom Land Südtirol.
    - Den Mobilen Ärztedienst „Kathi Zeschg", der unter der Leitung einer italienischen Ärztin 7.000 Flüchtlinge in verschiedenen Ghettos erreicht und versorgt. Unterstützt von den „Südtiroler Ärzten für die Dritte Welt".
    - Die medizinische Versorgung von Flüchtlingen in Kombination mit einem Sanitäterausbildungsprojekt unter der Leitung eines deutschen Arztes.
    - Druck und Verteilung in den Dschungelschulen innerhalb Burmas von 50.000 Schulbüchern in der Muttersprache der Karen. Unterstützt von der Region Trentino Südtirol.
    - Weiters Lehrerfortbildung, Essen für ein Waisenhaus, eine HIV Selbsthilfegruppe, Wasseraufbereitung, Initiativen für die Schaffung von Einkommen, usw.

- Besonderen Anklang findet die Initiative „Schulpatenschaften". Unternehmen oder andere Vereine übernehmen die Patenschaft über eine von ihnen gewählte Flüchtlingsschule, mit der sie auch direkt in Kontakt treten können, und verpflichten sich dabei für mindestens 3 Jahre.

- Weitere, tagesaktuelle Informationen sind im Internet unter den folgenden Adressen zu finden:
  www.helfenohnegrenzen.org (.de oder.at) bzw. www.schulpatenschaften.eu

Spendenkonto:
Südtiroler Volksbank,
Konto Nr. 7.000 - ABI 05856, CAB 11610

Koordinaten für Überweisungen aus dem Ausland:
IBAN: IT23 B 05856 11610 024750007000
BIC: BPAAIT2B024

Meinem Sohn Marc gewidmet

Und der Dschungel weint

Zweihundert Kinderhände streckten sich in die Höhe. Zweihundert Kinderhände, die den Unterschied machen. Den Unterschied zwischen Erster Welt und Dritter Welt, zwischen Neuzeit und Mittelalter. Diese zweihundert Kinder haben noch nie zuvor einen Ausländer gesehen, einen „weißen Mann". Ich war der Erste.

Ich war angekommen in Burma. Nicht im Burma der Touristen, dem „Goldenen Myanmar", wie es die Militärs zwangsgetauft haben. Ich war angekommen in einem versteckten Dorf in den Dschungeln des Karen-Staates, des Siedlungsgebietes einer der vielen Minderheiten Burma's. Wir schreiben das Jahr 2006, aber hier laufen die Uhren einhundert Jahre nach.

① Nicht vor und nicht zurück.
Gefangen im eigenen Land.

② Armut ist kein
Menschenrecht

Das wahre Gesicht

Es war schon lange mein Wunsch, dieses andere Burma kennen zu lernen. Dieses Burma mit dem wahren Gesicht. Dieses Burma, in dem die Menschen seit über 40 Jahren in ungebrochener Furcht vor dem nächsten Überfall der Soldaten des Militärsregimes leben. In Furcht vor den Brandschatzungen, den Vergewaltigungen, den willkürlichen Tötungen von Frauen, Männern, Kindern und Alten. Stets bereit, alles hinten zu lassen und tiefer in den Dschungel zu fliehen, oder ins benachbarte Thailand, um zum wiederholten Male aus dem Nichts eine neue Existenz aufzubauen.

Ich wollte dieses Burma kennen lernen. Mir selbst ein Bild von der Situation der Menschen machen, von deren Lebensumstände und Schicksale, über die ich soviel gehört und gelesen hatte, und die ich nur so schwer glauben mochte. Ich konnte mir diese Brutalität nicht vorstellen, diese unsägliche Grausamkeit, mit der die Diktatoren seit so vielen Jahren versuchen, diesen Menschen mit ihren Jahrtausende alten Kulturen und Traditionen das Rückgrat und den Willen zum Leben und Überleben zu brechen, sie zu unterjochen, zu assimilieren.

In dieses Burma des Bürgerkriegs und des Völkermords gelangt man nicht über die offiziellen Touristenrouten. Diese Gebiete sind weitläufig für Touristen, aber auch für Hilfsorganisationen oder Beobachter der UNO gesperrt. Außerdem gibt es dort so gut wie keine Straßen und viele der Pfade und Fußwege sind vermint. In dieses andere Burma gelangt man nur mit fachkundiger Begleitung der Einheimischen und beschützt von den Freiheitskämpfern der jeweiligen Volksgruppe.

Es dauerte drei Jahre, bis ich das Vertrauen meiner Karen-Freunde soweit gewonnen hatte, dass sie schließlich ihre Zustimmung zu einem einwöchigen Marsch in eines dieser abgeschiedenen und von der burmesischen Armee umschlossenen Gebiete gaben.

Vorangegangen war eine enge und vertrauensvolle Zusammenarbeit beim Aufbau und der Finanzierung von einfachen Feldschulen für die Flüchtlinge in Thailand und in den Dschungeln des Karen-Staates. Bei dieser engen und häufig Gefühle aufwühlenden Arbeit haben wir uns kennen und schätzen gelernt. Vertrauen ist so wichtig für diese geschundenen und so oft verratenen Menschen. Jedes bedachtlos geäußerte Wort in der Öffentlichkeit,

Burma allgemein

- Burma, das heutige Myanmar, liegt in Südostasien. Die Nachbarstaaten sind Thailand und Laos im Osten, China im Norden sowie Indien und Bangladesh im Westen.

- Das Land erstreckt sich vom 10. bis zum 28. Breitengrad und ist 677.000 qKm groß. Das entspricht der doppelten Größe Italiens.

- In Burma lebten 2005 zirka 52 Millionen Menschen, unterteilt in 8 Völker und 136 Volksgruppen. 70% der Bevölkerung lebt auf dem Land.

- Die 8 Volksgruppen und ihre Stärke: Burmesen 65%, Shan 10%, Karen 9%, Rohinga 5%, Mon 2,5%, Chin 2%, Kachin 1,5%, Karenni 1%.

- Die Hauptstadt ist Rangoon (Yangon), der Regierungssitz seit 2006 Pyinmana.

- Das Land ist aufgeteilt in 7 Bundesstaaten der Minderheiten und in 7 Verwaltungsdistrikte.

- Die vorwiegende Religion ist mit ca. 87% der Buddhismus, gefolgt vom Christentum (5%), Islam (4%) und Hinduismus (3%).

- Der Alphabetisierungsgrad wir offiziell mit 85% angegeben, UNICEF spricht von 53%. Tatsache ist, dass 75% aller Kinder die Volksschule besuchen und nur 27% diese abschließen, in den Minderheitengebieten sind es nur 10%.

- Burma wird seit 1962 von einer Militärdiktatur beherrscht, die sich heute SPDC – State Peace and Development Council nennt.

- Das einstmals reichste Land Süostasiens zählt heute zu den ärmsten Ländern dieser Erde.

jede Indiskretion kann die Karen und die anderen Minderheiten weiter in Bedrängnis bringen, denn der gemeinsame Feind hat seine Ohren überall.

Meine Dschungeltauglichkeit und körperliche Belastbarkeit hatten sie schon im Jahr zuvor getestet. Da nahm mich ein Trupp der KNLA – Karen National Liberation Army für zwei Tage mit auf ihren Marsch durch den grenznahen Dschungel. Dort stieß ich zum ersten Mal auf die desolaten Siedlungen der Menschen, die von weit hierher geflohen waren, in der Hoffnung, dass sie nahe der Grenze endlich Ruhe und die Möglichkeit zum Überleben für sich und ihre Familien finden würden.

Die Männer sprachen mit mir, erzählten von den Überfällen der Staatsarmee, der Tatmadaw, auf ihre Dörfer, von den Brandschatzungen, der Vergewaltigung von Frauen, dem zu Tode Prügeln von vermeintlichen Kollaborateuren. Die Betroffenen waren Freunde, Verwandte, die eigene Familie, sie selbst. Einige von ihnen wurden als Zwangsträger verpflichtet, waren gezwungen, Monate lang schwere Lasten für die gehasste Armee durch den Dschungel zu tragen. Sie bekamen kaum zu Essen, manchmal wurden sie Tage lang an ihren Lasten fest gezurrt, damit sie nicht fliehen konnten oder ihre Landsleute vor den bevorstehenden Überfällen warnen. Sie mussten dem Tross voran laufen, als lebende Minendetektoren, mussten mit der steten Angst und der psychischen Belastung leben, jederzeit zerrissen zu werden, sahen ihre Freunde auf Minen treten, ihre zerfetzten Glieder, schwer verletzt, tot.

Sie erzählen von den Gräueltaten mit einer schier unheimlichen Ruhe und Distanziertheit, so als ob sie das nichts anginge. Nur in ihren Augen spiegeln sich die Angst und die Wut wider. Die Frauen sitzen daneben, blicken verstört zu Boden. Sie sagen nichts. Sie können nur schwer darüber sprechen. Manchmal lächeln sie verunsichert, drücken ihre Kinder fester an sich.

Jetzt leben sie hier, nahe der Grenze. Nach Thailand haben sie es nicht geschafft, oder sie sind wieder zurückgekommen. Aber auch hier haben sie keine Ruhe. Die Generäle bauen eine Straße entlang der Grenze. Die ist strategisch wichtig, um die Menschen noch besser kontrollieren zu können, die „Rebellen“ noch wirksamer zu bekämpfen. Und sie gehen zu den Menschen, zwingen sie, Schaufel und Hacke mit zu nehmen und die Straße zu bauen, die sie und ihr Volk noch mehr in Bedrängnis bringen wird. Sie müssen einen bestimmten Abschnitt bauen. Je eher sie damit fertig sind,

① Die mächtige Schwedagon Pagode im Gegenlicht

② Der Buddha Mahamuni in Mandalay

③ Die Ananda Pagode in Pagan

desto schneller sind sie wieder bei ihren Familien und können wieder die Felder bebauen und so für das karge Überleben sorgen. Bis zum nächsten Besuch der Soldaten.

Ich hatte diese Prüfung bestanden, meine Freunde vertrauten mir, also nahmen sie mich und meinen Freund Lorenzo aus Rom, den ebenfalls seit vielen Jahren eine enge Freundschaft mit den Karen verbindet, mit auf diese Reise.

Nicht so einfach

Es bedurfte einiger logistischer Vorbereitung. Die Transportmittel mussten organisiert werden, die Führer und die Begleiter von der KNLA. Wir mussten ungesehen an die Grenze gelangen, ungesehen über die Grenze und ungesehen zu den Zielen unserer Reise und wieder zurück. Und das geht nicht so einfach.

Die Hauptsorge meiner Freunde galt unserer Sicherheit. Es darf auf keinen Fall zu einer Begegnung mit den burmesischen Militärs kommen. Aber auch nicht mit den thailändischen Behörden, denn das würde die fragilen Beziehungen zwischen Thailand und den Karen stören, meinen Freunden drohten zusätzlich Ausweisung und Gefängnis. Und für mich hätte das die Folge, dass ich sicherlich des Landes verwiesen und mit Einreiseverbot belegt würde. Das kann und will ich nicht riskieren, denn die Arbeit von Helfen ohne Grenzen für dieses geplagte Volk ist mir einfach zu wichtig.

Es ist auch der einzige Aspekt an der ganzen Angelegenheit, der mir Kopfzerbrechen bereitet und mir gleichzeitig Leid tut. Denn ich schätze Thailand und seine Menschen und möchte daher nichts Unrechtes tun. Aber meine Nähe zu den Karen, zu diesem Volk, das drauf und dran ist seine Identität zu verlieren, seine Sprache und seine Jahrtausende alten Traditionen, lässt meine Entscheidung eindeutig ausfallen. Ich gehe!

Burma Geografie

- Burma (Myanmar) ist 677.000 qKm groß und hat die Form eines nach Westen geneigten Papageis. Die Nachbarstaaten sind Thailand und Laos im Osten, China im Norden sowie Indien und Bangladesh im Westen.
- Die längste Entfernung von Nord nach Süd beträgt 2.000 Km, von Ost nach West 1.000 Km.
- Burma erstreckt sich vom 10. bis zum 28. Breitengrad und durchläuft dabei mehrere Klimazonen: von den Tropen im Süden bis zu den Ausläufern des Himalaja im Norden.
- Die kalte Jahreszeit dauert von November bis Februar, die heiße von April bis Mai und die Regenzeit dauert von Juni bis Oktober.
- Die weitgehend unberührten Küsten haben eine Länge von über 2.500 Km. Burma vorgelagert liegen noch mehr als 1.000 Inseln.
- Der längste Fluss ist der Irrawaddy. Er ist 2.000 Kilometer lang und von der chinesischen Grenze bis zum Delta am Golf von Bengalen, südwestlich von Rangoon, schiffbar.
- Burma ist von Bergen eingerahmt, die auch 3.000 und mehr Meter hoch sind. Die höchste Erhebung ist der Hkakabo Razi mit 5.881 Metern.
- Über 50 % der Fläche sind von Urwald bedeckt. Die unkontrollierte Schlägerungsrate ist mit 1,4% Waldverlust pro Jahr die höchste der Welt.
- Die Ebenen Zentralburmas sind überaus fruchtbar und als Reiskammer bekannt.

Neumond im Dschungel

Um vier Uhr morgens werden wir geweckt. Ich schultere meinen Rucksack. Es ist kühl, ich ziehe meinen warmen Windstopper an. Morgennebel zieht über die Stadt und die Felder, es ist stockfinster. Ich kann nicht erkennen, wohin die Fahrt geht. Plötzlich biegen wir ab und halten vor einem einsamen, unscheinbaren Haus. Ein anderes Auto wartet dort auf uns, ein kleiner, in die Jahre gekommener Pick-Up. Der Fahrer kennt die verschlungenen Wege durch den Dschungel, die hin zum Salween River, dem Grenzfluss, führen.

Ich darf am Beifahrersitz Platz nehmen. Ich bin noch etwas verkühlt und soll mich schonen, sagen meine Freunde. Dafür bin ich dankbar, denn es hat eine unangenehme, feuchtkühle Temperatur, welche die Fahrt auf der offenen Ladefläche zu einem geringen Vergnügen macht, obwohl ich sehr gut ausgerüstet bin und sonst den Fahrtwind immer suche und genieße.

Über drei Stunden dauert die holprige Fahrt durch das Dunkel des Dschungels. Ich sehe nur den engen Pfad im blassen Licht der Scheinwerfer. Wenn ich das Fenster öffne, kann ich die Geräusche des Dschungels hören, diesen elektronisch anmutenden, hoch frequenten Dauerton, der von Zirpen und Schlagen und klagenden Lauten überlagert wird.

Der Pfad ist ausgewaschen. Steine, Äste und kleine Bäume liegen im Weg, Erdrutsche werden nicht weggeschaufelt, sondern einfach überfahren. Jetzt in der Trockenzeit ist keine Gefahr mehr. Es ist alles trocken, die Bäche führen wenig Wasser, darum legen wir der Bequemlichkeit halber oft sogar längere Strecken im Bachbett selbst zurück. In der Regenzeit würde das nicht mehr gehen.

Manchmal kann ich durch das dicke Geäst die kleine Sichel des abnehmenden Mondes sehen. Morgen ist Neumond, ein besonderer Tag für die Karen. Denn da feiern sie ihr Neujahr; und wir werden dann schon die erste Etappe unserer Reise erreicht haben. Die Dämmerung bricht an. Langsam kann ich die Konturen der Bäume erkennen, des Dschungels, der uns bereits seit Stunden umgibt. Von meinem gesicherten Sitz aus lasse ich mich von der Schönheit der Landschaft einfangen und fesseln. Es ist wild und romantisch und schön.

Wir fahren in einem engen Tal, rechts und links erheben sich steile, dschun-

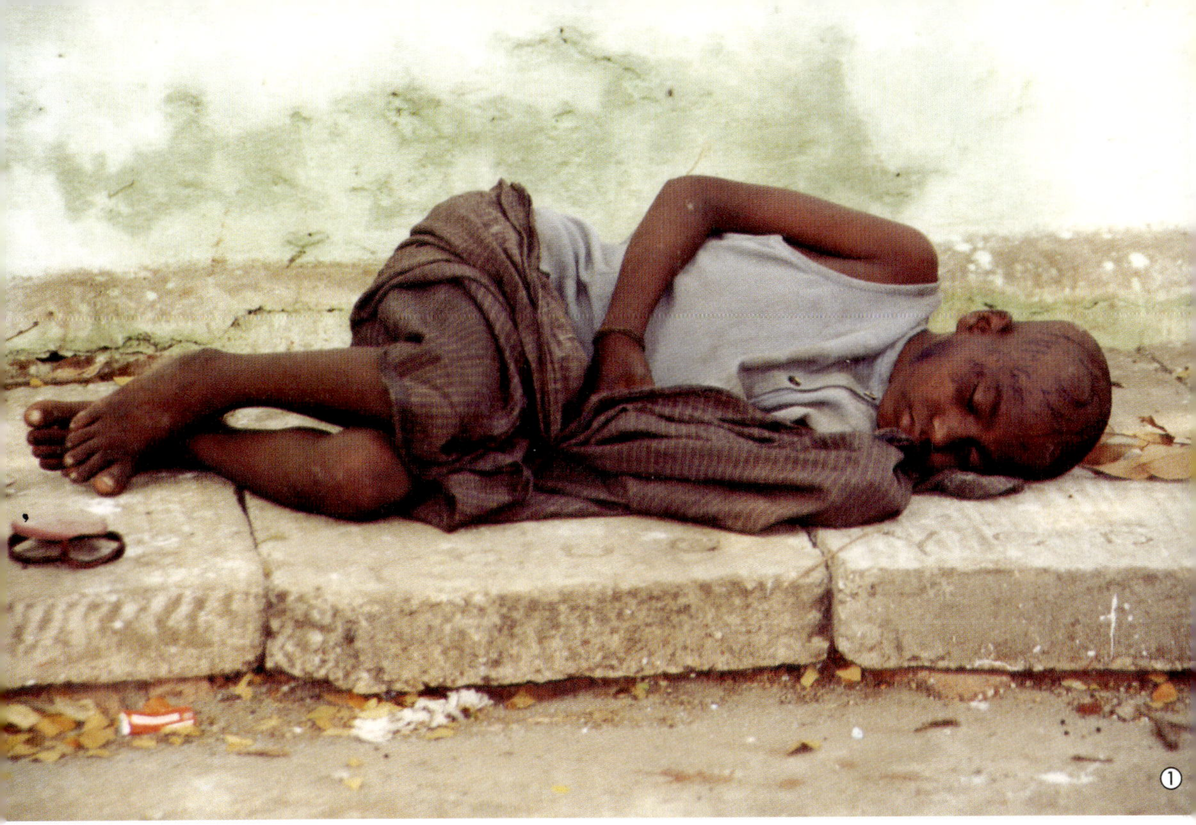

① Kind der Strasse

② Eine Siedlung der Flüchtlinge in Thailand

gelüberwucherte Hänge, Lianen pendeln über unseren Köpfen, schlagen gegen die Windschutzscheibe. Aber sonst ist es ruhig, fast zu ruhig. Hochnebel bedeckt den Himmel, wir sind inzwischen nahe am Salween River, dem Grenzfluss zwischen Thailand und Burma.

Der Dschungel weint

Plötzlich hält der Fahrer den Wagen an. Für mich und Lorenzo ist der „gemütliche" Teil vorbei. Wir müssen rechts ab in den Dschungel und einen thailändischen Grenzposten großräumig umwandern. Ein ortskundiger Karen begleitet uns. Wir packen unsere Rucksäcke und verschwinden im Dickicht. Unsere Freunde fahren weiter bis zum Fluss. Dort wartet bereits ein Boot auf sie, das uns dann an einer sicheren Stelle weiter flussaufwärts ebenfalls aufnehmen wird.

Wir klettern den Hang hinauf. Es ist kühl aber feucht, wir schwitzen bald. Und es ist ruhig, der Dschungel schweigt. Verstummt sind seine vielfältigen Stimmen, die Geräusche. Nur Wassertropfen fallen von seinen Blättern. Er weint, der Dschungel weint. Er schweigt und weint. Seine Tränen träufeln herab auf uns, auf die Blätter am Boden, machen den lehmigen Grund feucht und rutschig. Es ist der Nebel, die feuchte Luft kondensiert an den Blättern. Aber für mich weint der Dschungel, das passt gut zu meiner Stimmung.

Ich bin neugierig, besorgt und eher betrübt. Es ist keine Angst da. Weder vor den Thais noch vor dem burmesischen Militär. Es ist keine Angst da vor all den möglichen und unheimlichen Gefahren, die mir meine „weißen" Freunde in Mae Sot einzureden versucht hatten. Nein, es sind bohrende, nagende Zweifel, die mich quälen, meine Gedanken und Gefühle aufwühlen. Am meisten beschäftigt mich die Frage, ob ich mit dem, was ich in den nächsten Tagen sehen und erfahren darf, wohl so ohne weiteres zurecht kommen würde? Ich war auf vieles gefasst, aber sicher nicht auf alles vorbereitet.

Burma Geschichte

→ Ausgrabungen belegen, dass Burma bereits seit über 4.500 Jahren bevölkert ist. Das burmesische Reich entstand im Jahre 1044, als der König Anawratha von Pagan aus die verschiedenen Stammesfürsten vereinte.

→ Die weitere Geschichte war bewegt. Es gab im Jahr 1364, als Folge verschiedener Kriege, wieder den Zerfall in Kleinstaaten und in verschiedene Dynastien.

→ Im Jahre 1824 beginnt die britische Kolonialisierung, die im Jahre 1885 mit der Einverleibung Burmas in die Kolonie Indien endet. Eine rasante wirtschaftliche Entwicklung beginnt. Burma wird zu einem der reichsten Länder Südostasiens.

→ Im zweiten Weltkrieg fallen die Japaner ein und besetzen Teile Burmas. Die Briten sind mit Unterstützung der Karen siegreich und vertreiben die Japaner aus dem Land.

→ Die Briten ziehen sich zurück. Der Volksheld General Aung San, der für den Abzug der Engländer verantwortlich war, gewinnt 1947 die Wahlen, wird aber kurz darauf vom späteren Diktator Ne Win ermordet.

→ 4. Jänner 1948: Burma wird offiziell unabhängig. Der erste Ministerpräsident ist U Nu. Im Land herrscht Aufbruchstimmung, die aber durch Scharmützel zwischen Burmesen und den Volksgruppen getrübt wird.

→ U Thant wird 1961 Generalsekretär der Vereinten Nationen.

→ Am 2. März 1962 putscht sich Ne Win, Weggefährte und Mörder von Gen. Aung San, an die Macht, schottet das Land ab und versucht, einen sozialistischen Staat nach Vorbild Stalins bzw. Mao Tse Tungs einzurichten.

→ Im Jahr 1988 macht Ne Win einer jüngeren Generation Platz. Die Studenten protestieren friedlich für Freiheit und Demokratie.

→ Am 8.8.88 erteilt das Regime Schießbefehl. Tausende friedliebende Menschen sterben.

→ Aung San Suu Kyi stellt sich an die Spitze der Demokratiebewegung. Mit ihrer National League for Democracy gewinnt sie 1990 die Wahlen mit 81% der Stimmen. Die Wahlen werden vom Regime nicht anerkannt.

→ 1996 öffnet sich Burma dem Tourismus. Das Regime tauft sich in State Peace and Development Council – SPDC um. Die brutale Unterdrückung der Minderheiten wird verschärft.

→ Seit 31. Mai 2003 lebt Aung San Suu Kyi unter verschärftem Hausarrest. Jegliche politische Opposition ist verboten.

→ 2004 wird der machthabende General, Khin Nyunt, gleichzeitig auch Hoffnungsträger für eine mögliche Versöhnung, abgesetzt und verhaftet. Er hatte 2003 die „Road Map to Democracy" skizziert. Eine radikale Gruppe um Gen. Than Shwe übernimmt die Macht.

→ Im Jahre 2006 wird der Regierungssitz in einer Nacht- und Nebelaktion ins Landesinnere nach Pyinmana verlegt.

Nach etwas mehr als einer Stunde und nass von unserem Schweiß und den Tränen des Dschungels erreichen wir das Ufer des Salween Rivers. Wir müssen uns am Rande des Ufers verstecken. Der Fluss führt zu dieser Zeit wenig Wasser, es ist Trockenzeit. Auf den Sandbänken, die so freigespült werden, pflanzen die Menschen Bohnen und anderes Gemüse. Dort wächst es gut, und im Dschungel gibt es wenig freien Platz für Felder.

Endlich hören wir das Brummen des Außenbordmotors. Das Boot legt an. Unsere Freunde helfen uns an Bord. Wir müssen uns niederlegen, uns verstecken, denn in der Nähe patrouillieren thailändische Grenzposten. Und los geht die Reise zurück in der Zeit.

Nur nicht auffallen

Der Salween schlängelt sich, vom mitgeführten Schlamm braun gefärbt, durch dschungelbedeckte Berghänge. Auf der thailändischen Seite erkennt man die menschliche Hand, dort wachsen überwiegend Teak-Bäume. Auf der burmesischen Seite ist der Dschungel noch wild und ungezähmt. Nur dort, wo Menschen leben, musste der Dschungel ihren Feldern weichen, die sie nur wenige Jahre bestellen und nutzen können und dann wieder der Natur überlassen. Heute sind sie von Gestrüpp und nieder wachsenden Bäumen überwuchert.

An den Engstellen staut sich das Wasser, wird wild, bildet Strudel und die Stromschnellen bringen unser Boot bedenklich zum Wackeln. Die Wasseroberfläche wird uneben. Es gibt Stellen, an denen der Spiegel höher liegt und Stellen, an denen er tiefer liegt. Und der Höhenunterschied kann gut und gerne einen halben Meter ausmachen. Ein interessantes Schauspiel. Unser Bootsführer und sein kleiner Freund umschiffen alle Gefahren gekonnt.

Ab und zu kommt uns ein anderes Boot entgegen. Dann heißt es wieder

① Sie lauschen den Worten des Pastors

② Das Leid und der Schmerz bleiben innen

③ Die Fahrt auf dem Salween River

hinlegen und verstecken. Niemand soll uns sehen, auch keine anderen Karen. Man weiß ja nie. Im Schnitt müssen wir alle fünf Minuten abtauchen, entweder weil Thai Posten am Ufer sind, oder Lager der SPDC (State Peace and Development Council – Selbstdefintion des burmesischen Regimes). Irgendwann mache ich aus der Not eine Tugend und schlafe eine Runde. Die Fahrt geht schon 3 Stunden und ab einem gewissen Punkt wird sogar der wildromantische Salween etwas monoton.

Ein auserwähltes Volk

Es ist jetzt Mittag. Der Hochnebel über dem Flusstal hat sich aufgelöst und die Sonne brennt hier unten am Wasser ganz schön stark. Bis jetzt haben wir alles problemlos gemeistert, aber unsere Begleiter haben entschieden, einen Sicherheitsstopp bei einem kleinen Grenzposten der KNLA (Karen National Liberation Army – Die Verteidigungsarmee der Karen) einzulegen. Ich frage nach dem Grund. Wie so oft bekomme ich eine ehrliche, aber ungenaue Antwort. Es sei jetzt Essenszeit und im Übrigen besser, wenn wir die erste Marschetappe in der Dunkelheit zurücklegen würden. Aber mein Bohren nach weiteren Informationen stößt dann nur mehr auf ein freundliches Lächeln. Truppenbewegungen? Nein, alles ruhig! Warum dann nachts marschieren? Es ist besser so! Irgendwann lass ich es bleiben. Liegt es an meiner Fragetechnik?

Der Grenzposten besteht aus einigen Hütten etwas oberhalb vom Fluss. Es ist ein Beobachtungsposten. Zum eigentlichen KNLA Lager ginge es noch ein ganzes Stück. Lorenzo würde gerne dort hin, aber unsere Freunde lächeln nur freundlich und beginnen sofort zu kochen. Es gibt eine Instant-Nudelsuppe mit etwas Reis dazu. Scharf, aber Hauptsache etwas in den Magen.

Ich hatte für mich beschlossen, alles zu essen, was auf den Tisch kommt, Innereien, Insekten und exotische Tiere inbegriffen. Ohne Wenn und Aber.

Burma Politik

- Burma, gegründet 1044, wird seit 1962 von einer Militärdiktatur beherrscht, die sich heute SPDC – State Peace and Development Council nennt.
- Im Jahre 1988 gab es einen Wechsel an der Spitze der Militärregierung. Angeführt von Studenten demonstrierten breite Bevölkerungsschichten friedlich für Demokratie.
- Die Proteste wurden blutig niedergeschlagen. Über 6.000 junge Menschen starben.
- Im Jahre 1990 wurden allgemeine Wahlen durchgeführt. Die National League for Democracy NLD gewann, angeführt von Aung San Suu Kyi, die Wahl. Die Militärs haben die Wahl nie anerkannt.
- Dem Regime steht seit Ende 2004 wieder General Than Shwe vor. General Khin Nyiunt, der bis dahin regierte und als liberal galt, wurde in einer Nacht- und Nebelaktion seiner Ämter enthoben und verhaftet.
- Oppositionsparteien, an erster Stelle die NLD gefolgt von den politischen Vertretern der Minderheiten, sind seit 2004 wieder nicht mehr zugelassen.
- Seit 2003 diskutiert die so genannte National Convention eine neue, demokratische Verfassung. Die Vertreter der verbotenen NLD wurden dazu nicht eingeladen.
- Aus Angst vor möglichen Angriffen des Auslandes haben die Generäle im Jahre 2006 den Regierungssitz ins Landesinnere, in die Stadt Pyinmana, verlegt.
- Burma ist u.a. Mitglied der UNO und der ASEAN und unterhält sehr enge Beziehungen zu China.

Ich wusste, wir würden immer das Beste bekommen, aber auch das Beste kann manchmal stark gewöhnungsbedürftig sein. Ich wusste aber auch, dass Essen und Gastfreundschaft für die Karen einen sehr hohen Stellenwert haben und ein Zurückweisen immer beleidigend wirkt. Nur bei Alkohol würde ich keine Ausnahme machen, aber da ist bei den Karen auch keine Gefahr, denn Drogen sind grundsätzlich verpönt.

Die Karen leben nach einem strengen moralischen Wertesystem, der Karen-Name ihres Staates spiegelt das wider. Er lautet Kawthoolei, das übersetzt „Land der weißen (hellen) Blüte" oder „Land frei von Bösem" bedeutet. Ehrlichkeit, Tugendhaftigkeit, Sittlichkeit und Treue werden von Klein auf gelernt und praktiziert. Die Familie steht an erster Stelle, Karen sind liebevolle Mütter und Väter. Sex vor der Ehe ist tabu, Ehebruch wird nicht geduldet und endet häufig mit der Verbannung des Schuldigen aus dem Dorf. Die Erwachsenen und vor allem die Alten sind hoch respektiert. Kinder widersprechen ihren Eltern auch dann nicht, wenn sie selbst erwachsen und Eltern sind.

Alkohol und Drogen sind kein Teil ihrer Kultur, auch wenn die Wirklichkeit unter den Flüchtlingen in Thailand leider anders aussieht. Die Loyalität zum eigenen Volk ist hoch. Viele junge Menschen verschreiben ihr Leben dem Dienst am Volk, verzichten auf Familie und möglichen Wohlstand, jederzeit bereit dem Ruf ihrer Führer zu folgen. Religion hat für die Karen einen sehr hohen Stellenwert.

Die Geschichte der Karen ist ebenfalls einzigartig und ähnelt sehr der Geschichte der Kinder Israels. Tatsächlich empfinden sich die Karen als auserwähltes Volk. Eine Version der Legende erzählt von Taw Mei Pa, der wie Moses sein Volk auf eine lange Wanderschaft führte, um es aus der Mongolei in ihr gelobtes Land, dem heutigen Karen Staat, zu führen. Dabei überquerten sie neun Flüsse, daher auch die neun Streifen in ihrer Flagge. Ihr Glauben hatte immer schon monotheistische Züge. Sie glauben an ihren Gott Y'wa (man beachte die Ähnlichkeit zu Jahwe), der wie sein jüdischer bzw. christlicher Konterpart die Erde auch in sieben Tagen erschuf und natürlich Mann und Frau gleich dazu. Nur in umgekehrter Reihenfolge.

Auch Y'wa verbannte einen seiner engsten Diener (Engel!?), Mu Kaw Lee, der in Folge nunmehr als Teufel sein Unwesen treibt und die Seelen der Karen in Versuchung führt. Die Legende kennt auch viele Prophezeiungen.

① Taufe im Moei River

② Voller Einsatz
beim Don Dance

③ Unbehelligt
durch die Uniform

Eine sagt das Eintreffen eines „weißen“ Mannes mit dem Goldenen Buch voraus. Dieser weiße Mann traf auch tatsächlich im Jahre 1813 in Person eines baptistischen Missionars ein. Und dieser brachte das goldene Buch mit: die Bibel.

Heute sind viele Karen Christen, der Großteil aber sind Buddhisten oder Anhänger des Geisterglaubens. Diese Animisten glauben, dass in jedem Menschen ein Geist mit Namen K'la wohnt, der dort bei dessen Geburt einzieht. Dieser Geist im Menschen wird von den anderen Geistern, die in der Natur wohnen, ständig in Versuchung geführt und zum Verlassen des Körpers gelockt. Damit das nicht geschieht, wird ihm regelmäßig geopfert und sehr auf eine rechte Lebensführung geachtet. Im Schlaf verlässt dieser Geist gerne den Körper, um „herumzugeistern“. Darum vermeiden es die Karen, jemanden abrupt aus dem Schlaf zu reißen. K'la könnte dadurch verschreckt werden und weg bleiben. Beim Tod verlässt K'la den Körper endgültig und zieht in ein neues Lebewesen um.

Die Uniform macht's aus

Nach dem Essen haben wir noch etwas mit dem Lagerkommandanten geplaudert und uns dann in eine Ecke zum Dösen zurückgezogen. Es war so herrlich ruhig hier, im Schatten war es angenehm und gut zum Aushalten. Idyllisch. Aber es dauerte nicht lange und wir wurden wieder in die Realität zurückgeholt. Unsere Freunde tauchten mit Uniformen der KNLA auf. Wir sollten die jetzt anziehen. Auf dem Weg zum Ausgangspunkt unseres Marsches würden wir nämlich an einem thailändischen Posten am Fluss vorbei kommen, dort müssen alle Boote anlegen, nur die mit Soldaten der KNLA nicht.

Das machte mich jetzt doch etwas neugierig und ich fragte hartnäckig nach dem Grund. Warum bleiben die Soldaten einer so genannten Rebellenarmee

Die SPDC

- Burma wird seit dem Militärputsch im Jahr 1962 von einer Militärregierung, bis 1988 unter der Führung des Generals Ne Win regiert. Ne Win war es auch, der 1947 den Befreier Burmas, den General Aung San und Vater von Aung San Suu Kyi, ermordete.

- 1988 fand ein Machtwechsel statt. Die neue Junta erteilte den Schießbefehl gegen die friedlich für Demokratie demonstrierenden Studenten in Rangoon und anderen Städten.

- Im Anschluss an die verlorenen Wahlen im Jahre 1990 nannte sich das Regime SLORC – State Law And Order Restauration Council (Staatsrat zur Wiederherstellung von Gesetz und Ordnung).

- SPDC ist seit 1997 die gewählte Eigenbezeichung des burmesischen Militärregimes: State Peace and Development Council (Staatsrat für Frieden und Entwicklung).

- Die SPDC hat Burma für den Tourismus geöffnet und eine Propaganda-Offensive zur Beschwichtigung der Weltöffentlichkeit gestartet.

- So wurde mehrmals Aung San Suu Kyi aus dem Hausarrest entlassen, kurzzeitig wurden auch die Oppositionsparteien wie die NLD zugelassen und eine National Convention zur Erarbeitung einer demokratischen Verfassung eingerichtet.

- Nachdem weltweit die Medien über all diese Hoffnungsschimmer berichtet hatten, wurden die Zugeständnisse wieder, teilweise blutig, rückgängig gemacht.

- Um ihre Machtinteressen abzusichern, baut die SPDC auf eine Armee von über 400.000 Mann, darunter 70.000 Kindersoldaten, ein kapillares Spitzelsystem und schreckt vor keiner Gräueltat zurück.

- Seit 1988 hat es in der Zusammensetzung der Militärspitze mehrere, auch gewaltsame Umbrüche gegeben. Zur Zeit steht der Hardliner General Than Shwe an der Spitze, sein Ministerpräsident ist General Soe Win.

unbehelligt? Schließlich gelang es mir, eine konkrete Auskunft zu erhalten. Es gibt einen informellen Pakt zwischen den Karen und den Thais. Die KNLA unterbindet in ihrem Gebiet mit Erfolg den Schmuggel von Rauschgift und hindert Kriminelle daran, nach Thailand zu gelangen, um dort ihr Unwesen zu treiben. Diese „Partnerschaft" gibt es schon länger, die KNLA scheint also ihren Auftrag mit Erfolg zu erfüllen.

Tatsächlich kamen wir an dem Posten unbehelligt vorbei. Wir mussten natürlich unsere Köpfe Richtung Burma wenden, damit niemand unsere weiße Hauptfarbe erkennen konnte, aber das war's dann schon. Nach dem Grenzposten stiegen wir in ein kleineres Boot um, das uns ans Ziel brachte.

„Hier kommt die Mauer des geplanten Staudammes hin." Der Bootsführer sagte das mit einer für Karen eher unüblichen Aufgeregtheit in der Stimme. Aber das Thema „Salween Dam" erregt die Gemüter dieser Menschen sehr stark und macht sie wütend. Viele unberührte Täler wird der Stausee dann überfluten, vielen Menschen Heimat und Unterhalt nehmen. Die SPDC hat bereits vor einigen Jahren begonnen, die Karen im späteren Flutungsgebiet zu vertreiben. Sie müssen innerhalb von wenigen Stunden ihre Dörfer aufgeben, wegziehen, neu beginnen. Ersatz wird ihnen keiner geboten, auch keine Entschädigung. Sie können selbst sehen, wo sie bleiben. Ihr altes Dorf wird dem Erdboden gleichgemacht und oft auch vermint.

Weltweit laufen die Menschen Sturm gegen dieses Projekt, das nur eines von fünf geplanten Dammprojekten am Salween ist, die dieses unberührte Naturjuwel endgültig zerstören werden und damit auch einen Teil der Kultur eines Volkes. Es wird wohl kaum Möglichkeit geben, den Bau zu stoppen. Der politische Wille in Thailand, Burma und China ist da, die Financiers stehen Geld bei Fuß und der Energiehunger ist groß. Wer wird da noch auf die Empfindlichkeiten eines kleinen Volkes am Rande des Untergangs oder gar auf die Umwelt Rücksicht nehmen. Aber vielleicht gibt es auch hier Parallelen zur Bibel und die Geschichte von David gegen Goliath wird wahr.

Im Lichte der dämmernden Sonne wird die Landschaft noch beeindruckender, großartiger. Bizarre Felsformationen werfen ihre geisterhaften Schatten auf den braunen Salween, verengen seinen Lauf, machen seine Fluten reißender. Unser Bootsmann umschifft gekonnt Felsen, Strudel und Stromschnellen. Es wird ruhiger, Fluss und Natur scheinen sich vom Tagwerk auszuruhen.

① Reis und gesalzener Trockenfisch

② Diese Lasten tragen sie freiwillig

③ Die Vorhut zu unserer Sicherheit

So dünkt es mich jedenfalls, obwohl ich außer dem lauten Außenbordmotor nichts hören kann. Irgendwie ist alles so friedlich, so gefahrlos, so harmonisch. Aber eben nur irgendwie.

Ein Vogel für daheim

Hinter einer Flusskrümmung legt unser Boot an. Aus dem Wald über dem Ufer tauchen einige Gestalten auf, drei in der Uniform der KNLA. Unser Begrüßungskomitee. Der Hauptlehrer von einer unserer Schulen hat es sich nicht nehmen lassen, uns mit drei seiner Schüler entgegen zu kommen, uns zu begrüßen. Es ist eine sehr scheue, aber warme, herzliche Begrüßung. Seit bald 3 Jahren kennen sie mich aus Erzählungen, wissen, dass da jemand ist, der für ihren Unterricht, für ihre Schule Sorge trägt. Jetzt sehen sie mich zum ersten Mal in voller Größe.

Die drei Buben schauen betroffen zu Boden, aber wenn sie sich unbeobachtet fühlen, dann schielen sie herüber, auf mich, auf Lorenzo. Was sie sich wohl dabei denken? Die Burschen werden die drei Säcke mit den ganzen Geschenken tragen, die wir mitbringen: Farbstifte, Wasserbälle, Fußballtrikots, T-Shirts, Kappen und allerlei Krimskrams. Die Sachen bekommen alle die Lehrer, sie werden sie dann nach ihrem Gutdünken an die knapp 230 Schüler und Schülerinnen verteilen. An die Bravsten, die Fleißigsten, die Schnellsten, die Besten. Sie werden es besonnen tun und mit viel Feingefühl, das weiß ich. Die Säcke umschlingen die Burschen mit einem Band, das sie dann über die Stirn spannen und so mit dem Kopf die Last am Rücken tragen.

Der Lehrer und die KNLA Kämpfer bieten sich an, auch unsere Rucksäcke zu tragen. Ich weigere mich. Auch das hatte ich mir vorgenommen, keine Privilegien. Trotz meiner ausklingenden Erkältung fühle ich mich fit. Trainiert habe ich daheim zur Genüge und das Auf und Ab in den Bergen ist mir

Burma Wirtschaft

- Burma ist heute mit einem offiziell angegebenen Bruttosozialprodukt (BSP) von 1.200 Euro pro Kopf eines der ärmsten Länder der Welt und liegt an Stelle Nr. 157 von 177 Ländern. 75% der Bevölkerung lebt unter der Armutsgrenze.
- Das Pro Kopf Einkommen lag 2005 bei weniger als 200 Euro.
- Die offizielle Wachstumsrate wird mit bis zu 14% angegeben, das reale Wachstum dürfte unter 4% liegen.
- Die Landeswährung ist der Kyat, für den es keinen offiziellen Umrechungskurs gibt. Die Entwertung liegt je nach Angaben zwischen 30% und 45% pro Jahr, die zweithöchste Rate weltweit.
- 63% der Menschen arbeiten in der Landwirtschaft, 36% im Dienstleistungsbereich, 11% in der Industrie.
- Zu den Haupteinnahmequellen zählen landwirtschaftliche Produkte, Holz, Verpachtung der Fischereirechte, Gas/ Öl, Edelsteine und Tourismus. Burma verfügt über 75% der weltweiten Teakholz-Reserven.
- Burma ist bekannt als zweitgrößter Heroin-Produzent nach Afghanistan sowie vom Metaamphetamin Ya-Ba. Der Schmuggel wird vom Regime geduldet. Bis zu 40% der gesamten der Wirtschaftsleistung ist auf diese Schattenwirtschaft zurück zu führen.
- Infrastrukturen für den Tourismus sowie Straßen und Bahnlinien werden zu einem nicht unbeträchtlichen Teil durch Zwangsarbeit gebaut und mit Drogengeld finanziert. 2005 gab es 596 Hotels mit 18.500 Zimmern für insgesamt 660.000 Ankünfte.
- In Burma gibt es knapp 4.000 Km Eisenbahnlinien und ca. ebenso viele Kilometer befestigte Strassen. Je 1.000 Einwohner gibt es 5 Kraftfahrzeuge, 9 Telefone und 4 Mobilfunkanschlüsse (offizielle Angaben). Internet gibt es nur für wenige Privilegierte.
- 50% des BSP wird für die Rüstung ausgegeben, für Schule 0,3% und die medizinische Versorgung weniger als 1%. Damit liegt Burma an vorletzter Stelle im internationalen Ländervergleich.
- Die wichtigsten Handelspartner sind China und Thailand sowie die anderen Länder der ASEAN. Die USA und die EU haben Wirtschaftssanktionen verhängt.

vertraut. Ich muss mich also nur an die fremde Umgebung gewöhnen, mich auf die Bedingungen des Dschungels und der Abgeschiedenheit einstellen, dann dürfte es kein Problem sein, mitzuhalten. Der Gedanke, durch den Dschungel in kompletter Dunkelheit zu wandern, verunsichert mich doch etwas, ist aber gleichzeitig reizvoll. Klingt abenteuerlich.

Wenige Minuten nachdem wir dem Boot entstiegen sind, trippeln wir schon durch den Dschungel. Zwei bewaffnete Begleiter der KNLA laufen voran, einer folgt uns als Nachhut. Das eingeschlagene Tempo ist nicht langsam. Der Pfad ist schmal, Äste und Wurzeln überziehen ihn, der Lehm am Boden ist an manchen Stellen feucht und rutschig. Endlos oft müssen wir samt Schuhen einen Bach durchwaten. Ich habe meine offenen Trekkingsandalen aus Leder an, die sich voll saugen, ebenso wie meine Hosen. Da beneide ich jetzt unsere Freunde mit ihren einfachen Badesandalen aus Plastik. Die bieten zwar kaum Halt, aber sie saugen sich auch nicht voll. Zum Glück geht es erstmals 45 Minuten halbwegs eben dahin, da kann ich mich ganz gut an den Rhythmus anpassen.

Rasch bricht die Dunkelheit herein. Ich bin froh, dass ich meine LED Stirnlampe mitgenommen habe, so bleiben die Hände frei. Meine zwei Wanderstöcke fehlen mir, spätestens, als der nie enden wollende Anstieg bei gleich bleibender Gehgeschwindigkeit begann. Es ist jetzt wirklich stockdunkel, nur der Schein der Taschenlampen durchbricht eng begrenzt die Schwärze. Es wird kaum geredet, der Urwald schluckt die Geräusche der Schritte. Ab und zu bricht ein Ast unter den Füßen. Aber auch jetzt am Abend ist es im Dschungel unheimlich ruhig. Wo bleiben seine Geräusche, dieses elektronisch klingende Dröhnen, das Zirpen, Schlagen, Klagen. Der Wald scheint wie ausgestorben.

Ich atme schwer, fühle mich doch noch nicht auf der Höhe. Zu meinem Glück bleiben unsere jungen Begleiter plötzlich stehen. Wie gebannt starren sie ins Geäst der Bäume, leuchten mit den Taschenlampen hinauf. Ich schaue auch, versuche etwas zu sehen. Da zieht einer der Burschen seine Steinschleuder, zielt kurz und schießt. Sein Freund läuft einige Meter in den Wald hinein und kommt mit einem wachtelgroßen Vogel zurück. Das Festessen für den nächsten Tag war gesichert. Ich stehe wohl mit offenem Mund da, ich kann das schwer fassen. Wie haben die das gemacht? Den Vogel in der Dunkelheit zu sehen, so sicher zu treffen, dass er auch gleich getötet wurde und ihn dann in dem Gestrüpp wieder zu finden. Was sind wir Westler doch für

① Leben auf dem Müll in Thailand

② Kinder auf der Flucht

③ Wieder ein Dorf gebrandschatzt

blinde Hühner! Noch während der Rast rupfte der Teenager die Beute und verstaute sie mit freudigem Lächeln in seinem kleinen Beutel.

Und weiter geht die Hatz. Nach ungefähr eineinhalb Stunden ununterbrochenem Aufstieg muss ich abbrechen. Mein Herz schlägt wie wild, ich bin außer Atem und vollkommen schweißdurchnässt. Die Erkältung lässt grüßen. Weich gekocht trete ich nun doch meinen Rucksack ab. Oft hat er sich angetragen, jetzt trägt ihn der Lehrer für mich. Die Erleichterung ist spürbar und ich komme von nun an ohne weiteren Probleme mit. Nach etwa drei Stunden erscheinen die ersten Spuren menschlicher Zivilisation, einfache Reisfelder, abgeerntet und staubtrocken.

So viele Wünsche

Der Himmel über uns tut sich auf, ein Lichtermeer ungeahnten Ausmaßes bietet sich unseren staunenden Blicken. So viele Sterne habe ich noch nie beobachten können, nicht einmal in den glasklaren Winternächten auf der Seiser Alm auf 2.000 Metern Höhe. Hier gibt es keine Verschmutzung durch die Lichter von Städten unserer ach so fortschrittlichen Zivilisation im Westen. Im weiten Umkreis gibt es kein Licht, außer dem von Kerzen. Es ist stockdunkel. Darum kommen die Sterne auch so klar zum Vorschein. Ab jetzt wurde mein Wandern gefährlich, denn ich war mit meinen Augen mehr im Himmel, als auf Erden. Ich verfolgte die Sternschnuppen, verknüpfte sie mit Wünschen. Es waren so viele, dass ich gar nicht nachkam. Mir wurde ganz warm ums Herz. Ich sehnte mich nach den wenigen Menschen, mit denen ich diese Augenblicke gerne geteilt hätte, wollte sie umarmen, wollte die Welt umarmen.

Kühl war es hier oben und ich war klatschnass. Zum Glück machten wir eine Rast. Es war erst 9 Uhr, aber mir schien es weit nach Mitternacht. Wir waren in einem kleinen Dorf angekommen, so sagte man mir. Sehen konnte ich nichts. Erst als wir vor der Hütte standen, wo wir unsere Rast

Die Völker Burmas

Die Shan oder Tai oder Mong Tai:

Siedlungsgebiet: Shan Staat im Nordosten Burmas (unterteilt in kleine Fürstentümer = Mongs). Hauptstadt Taungyi
Bevölkerung: bis zu 6 Millionen, 149.000 qKm (Shan State)
Volksgruppen (im Shan Staat): Wa, Lahu, Akha, Kokang, Intha, Tai Neir, Lui, Kaw
Sprachen: Tai und verschiedene Dialekte
Anmerkungen: Tausende Menschen getötet und Dörfer zerstört. Mehr als 300.000 Shan leben in Thailand, 219.000 IDPs.

Die Karen oder Kayin:

Siedlungsgebiet: Karen Staat (Kawthoolei) im Osten weitere im Irrawaddy Delta südwestlich von Rangoon. Hauptstadt Pa-an
Bevölkerung: bis zu 4,5 Millionen, 30.400 qKm (Karen Staat)
Volksgruppen: Sgaw, Pwo, Pa-O, Padaung, Paku, Bwe, Geba, Zayen
Anmerkungen: Tausende Dörfer zerstört, mehr als 400.000 Karen leben in Thailand, davon 156.000 in Flüchtlingslagern, 135.000 IDPs.

Die Arakan:

Siedlungsgebiet: Arakan (Rakhine) Staat im Westen Burmas zu Bangladesh. Hauptstadt Akyab (Sittwe)
Bevölkerung: ca. 2,5 Millionen. 36.500 qKm
Volksgruppen: Rakhine, Rohingya, Mro, Thet, Khami, Dainet, Maramagyi, Khumi, Kaman
Anmerkungen: 21.200 Rohingyas in Flüchtlingslagern (Kutupalong und Nayapara) in Bangladesh, ca. 150.000 Flüchtlinge. Regelmäßig Angriffe gegen Rohingyas.

Die Kachin:

Siedlungsgebiet: Kachin Staat im Norden Burmas, Hauptstadt Myiktyina
Bevölkerung: ca. 1 Million, 89.000 qKm
Volksgruppen: Jinghpaw, Maru, Lashi, Azi, Nung-Rawang, Lisu
Sprachen: Kachin und Dialekte
Anmerkungen: Genaue Daten über Flüchtlinge und IDPs nicht erhältlich

Die Mon:

Siedlungsgebiet: Mon Staat südöstlich von Rangoon. Hauptstadt Moulmein
Bevölkerung: ca. 800.000. 12.300 qKm
Anmerkungen: Trotz Vereinbarung zur Waffenruhe im Jahr 1995 regelmäßig Übergriffe durch die SPDC. 2005: 10.000 Mon zwangsumgesiedelt, 49.000 IDPs.

Die Chin:

Siedlungsgebiet: Chin Staat im Westen Burmas an der Grenze zu Indien. Haupstadt Hakha
Bevölkerung: ca. 450.000, 36.000 qKm
Volksgruppen: Thedim, Falam Hakas, Lai, Cho
Anmerkungen: ca. 60.000 Flüchtlinge in Mizoram (Indien), ca. 10.000 IDPs.

Die Karenni oder Kayah oder Red Karen:

Siedlungsgebiet: Karenni Staat im Osten Burmas. Hauptstadt Loikaw
Bevölkerung: ca. 240.000, 11.700 qKm
Volksgruppen: Kayaw, Paku, Manu, Padaung
Anmerkungen: 2.600 Dörfer zerstört, ca. 26.000 leben in Flüchtlingslagern, 94.000 IDPs.

einlegen wollten, konnte ich sie sehen. Kerzen wurden angezündet und ein Feuer für den Reistopf. Ich riss mir das nasse T-Shirt vom Leib und zog mir ein trockenes an, darüber meinen neuen Windstopper. Dennoch war es unangenehm kühl.

Der Tee brachte wohlige Wärme in meinen Körper zurück. Später gab es noch etwas Reis mit getrocknetem Fisch aus der Dose, der eigentlich nur trocken war und nach Salz schmeckte und sonst nach nichts mehr. Das war unser Abendessen. Das und sonst nichts. Da gibt es keinen Kühlschrank, wo noch etwas Gutes zum Nachtisch wartet. Da gibt es kein Lokal, wo wir noch schnell auf einen Drink hin konnten. Da gibt es nur Bambushütten, da gibt es nur Armut und karges Leben, da gibt es nur, was die Natur und der eigenen Hände Arbeit hergibt. Und da gibt es unsere Freunde, die uns alles abnehmen. Sie haben Einiges an Lebensmitteln mitgenommen, auch Lösekaffee. Sie kochen für uns, servieren uns Essen und Getränke und sorgen für den Abwasch. Um ehrlich zu sein, ich genieße das und nehme diese Demonstration von Gastfreundschaft gerne und dankbar an.

Reis zum Überleben

Die letzten 2 Stunden bis zu unserem Ziel sind angenehm zu laufen. Es geht meistens eben dahin, es ist kühl und die Sterne werfen so viel Licht, dass wir die Silhouetten der Hügel und Berge erkennen können. Mehr nicht. Aber unsere Begleiter führen uns sicher durch das Labyrinth der wilden Natur, die mehr und mehr den Reisfeldern der Bauern weichen muss. Und die benötigen viel Raum. Jedes Jahr fallen so der Urbarmachung viele Hektar Urwald zum Opfer. Hier oben auf etwa 800 m Meereshöhe können die Felder nur kurze Zeit bepflanzt werden, weil die Böden schnell ausgelaugt sind oder erodieren. Manche werden bereits nach einem Jahr wieder brach gelegt, vor allem jene, die nach der alten Tradition mit Reis bepflanzt werden.

① Angst vor den fremden Gästen

② Flüchtlingsfrauen beim Weben der traditionellen Stoffe

③ Waschen und putzen für die Gäste

Dazu roden die Karen, die in den Berggebieten wohnen, im Herbst ein Stück Urwald und lassen die Äste auf dem Feld liegen und trocknen. Kurz vor dem Beginn der Regenzeit im späten Frühjahr, wenn es mit der Aussaat losgehen kann, brennen sie das Gestrüpp nieder und pflügen das neue Feld. Dadurch wird die Asche in den Boden gemengt und dient als natürlicher Dünger, aber eben nur für ein Jahr. In die Saatlöcher geben die Bauern dann je 6 Reiskörner und überlassen Frucht und Feld bis zur Erntezeit im Oktober ihrem Schicksal. Um die Tiere fern zu halten, werden die Felder mit kunstvoll geflochtenen Zäunen umgeben.

Der geerntete Reis wird dann in Behältnissen aus verwobenen Bambusmatten gelagert, die zum Schutz vor Mäusen und Ungeziefer auf dünnen Stelzen thronen. Heuer sind viele dieser Behältnisse leer, denn unerwarteter und heftiger Regen nach dem Schnitt hat einen Großteil der Ernte zerstört. Die Menschen sind daher gezwungen, Reis um teures Geld, das sie nicht besitzen, zuzukaufen. Dazu müssen sie mindestens einmal pro Monat Fußmärsche von mehreren Stunden bis Tagen auf sich nehmen und die 50 kg schweren Reissäcke zu ihren Familien schleppen. Immer wieder sind uns in den folgenden Tagen schwer mit Reissäcken und anderen Lebensmitteln bepackte Männer oder ganze Familien begegnet.

Plötzlich taucht aus dem Dunkel eine etwas größere Hütte auf. Da wären wir, lächeln unsere Freunde. Ehe wir es uns versehen, sind wir mit ihnen alleine. Unsere Begleiter sind ohne Aufsehen verschwunden, irgendwo im Dunkel stehen ihre Hütten. Die Jungs sind in ihr „Studentenheim“ zurück und erzählen jetzt sicher den ungeduldig wartenden Freunden von ihrer Begegnung der dritten Art. Wir gehen in die Hütte. Aus einem Nebenraum hören wir das Flüstern von Mädchenstimmen. Das ist normalerweise ihr Haus. Sie haben sich in einen kleinen Raum zurückgezogen, schlafen dort eng aneinandergedrückt, damit wir Gäste uns im großen Raum ausbreiten können.

Ich lege meinen Rucksack in eine Ecke, breite meinen neuen, superleichten Schlafsack auf dem weichen Boden aus Bambusmatten aus und lege mich hinein. Es ist sehr kühl. Das hat den angenehmen Nebeneffekt, dass es keine Mücken gibt und wir auf das Moskitonetz verzichten können. Bald wird es mir wohlig warm und es dauert nicht lange, und ich schlafe ein. Es ist elf Uhr nachts und wir sind über 6 Stunden unterwegs gewesen. Ich bin angekommen. Im anderen Burma!

Reiseland Burma

- Burma ist eines der schönsten Reiseländer dieser Welt. Unberührte Küsten, fruchtbare Landschaften, unwegsame Dschungel und hohe Gebirge bilden den optischen Rahmen für dieses besondere Land.

- Vergleichbare archäologische Schätze und Kunstdenkmäler sind wahrscheinlich nur im Vatikan zu finden.

- Prunkstück ist die Schwedagon Pagode in Rangoon, in dessen Innerem acht Haare des Buddha aufbewahrt sind. Sie ist 98 m hoch und laut Schätzungen mit über 50 Tonnen Gold verkleidet. In seiner Spitze befinden sich Diamanten und Edelsteine mit ca. 2.000 Karat.

- Die Schwedagon Pagode ist neben dem Goldenen Stein Kyaiktyio und der Mahamuni Pagode in Mandalay eine der drei größten buddhistischen Heiligtümer Burmas.

- Die Kyaiktiyo Pagode balanciert bedrohlich auf einem Goldenen Stein hoch auf der schmalen Kante eines Hügels. Die Sage erzählt, dass ein Haar Buddhas im Inneren der Pagode den Stein im Gleichgewicht hält.

- Pagan ist eine Ebene am Irrawaddy Fluss südwestlich von Mandalay. Dort befinden sich über 2.000 prächtige Pagoden, die teilweise aus dem 11. Jahrhundert stammen und zum Weltkulturerbe erklärt wurden.

- In der Gegend um Mandaly und Sagaing stehen ebenfalls mehrere tausend Pagoden, eine prächtiger als die andere, darunter die verehrte Mahamuni Pagode. Ein Sonnenuntergang am Mandalay Hill oder Sagaing Hill mit Blick auf die Pagoden und den Irrawaddy ist immer ein Erlebnis.

- Der Inle See ist bekannt für seine schwimmenden Inseln, die aus dem Schlamm des Sees gemacht werden und dem Anbau von Gemüse dienen. Die Fischer rudern mit dem Fuß und stehen dabei am äußersten Ende ihres Bootes.

- Das Schönste sind die Menschen. Acht Völker, 136 Volksgruppen. Ein buntes Wirrwarr an Traditionen, Trachten, Sprachen, Bräuchen. Leider sind viele Menschen und Gegenden wegen der Bürgerkriegssituation nicht zu erreichen. Allen ist eine freundliche, herzliche und warmherzige Art gemeinsam, die berührt und gewinnt.

| 50

Dusche mit Rock

Der Morgen ist klar. Die ersten Sonnenstrahlen vertreiben die Kühle der Nacht. Noch tropft der Tau von den Blattdächern, sind Boden und Gras mit glänzenden Wasserperlen überwuchert und die ebenfalls perlenbehangenen Spinnenetze funkeln wie Diamantkolliers im Gegenlicht. Die Mädchen sind schon längst wach, schleppen Wasser, helfen beim Kochen oder waschen unsere Kleider, wie ihnen von unseren Freunden aufgetragen wurde. Die wussten aber nicht, dass ich aus Gewichtsgründen nur eine Hose mitgenommen hatte.

Also bringen sie mir einen Loungyi, den traditionellen Rock der Männer in Burma. Ich habe ihn während meiner Aufenthalte in Burma oft getragen und die angenehme Frische eines Rockes genossen. Darum konnte ich ihn auch zum Erstaunen meiner Freunde und der neugierig schielenden Mädchen tadellos knoten.

Die ersten Blicke kreuzen sich. Die Mienen entspannen sich nur langsam. Ein erstes schüchternes Lächeln. Sie haben sich nett hergerichtet, die Mädchen, die schönsten Kleider angezogen, das Tanaka im Gesicht besonders lieblich aufgetragen. Manche haben eine Blüte ins Haar gesteckt, manche tragen selbstgemachte Halsketten und Armbänder, in die sie Steine, Samen und Muscheln eingewoben haben. Sie sind hübsch, ihr sanftes, schüchternes Lächeln ist liebreizend und gewinnend.

Das ändert aber nichts an der Tatsache, dass es Zeit für die Körperpflege ist. Verfolgt von ihren Blicken begebe ich mich zum Wasserzuber vor dem Hause. „Take shower“, wie es meine Freunde nennen. Der Duschkopf ist eine kleine Plastikschale, mit der ich das Wasser über meinen Körper schütte. Brrr! Der Loungyi, der in der burmesischen Tradition auch zu den Badeutensilien gehört, mit dem Zweck, die intimen Teile des Körpers vor den Blicken anderer zu schützen, wird leider auch nass. Aber inzwischen ist die Sonne höher und es wird rasch angenehm warm.

Nun kommen auch die Buben. Ungefähr 20 Jungs wohnen in der eigenen Schlafhütte, getrennt von den Mädchen. Sie sind alle zwischen 10 und 16 Jahre alt und kommen meistens aus den etwas entfernter liegenden Dörfern. Sie wohnen wochenweise hier bei ihrer Schule und kehren nur heim, um ihre Lebensmittelvorräte aufzufüllen. Sie müssen alles von daheim mitschleppen.

① Werde ich den Frieden noch erleben?

② Bald gibt es was zum Essen

③ Viel mehr ist nicht drin

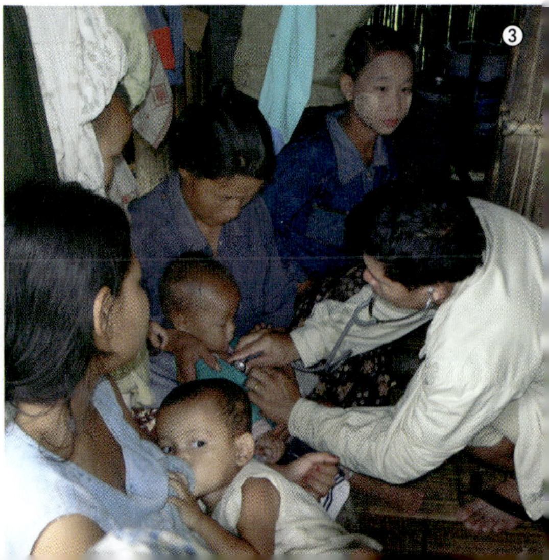

Gemüse bauen sie vor der Hütte an oder suchen es in den Wäldern der Umgebung. Da kommt ein frisch geschossener Vogel nur gelegen.

Die Jungs sind weniger schüchtern, wie überall. Aber hinter ihrem „coolen" Gehabe verbirgt sich jede Menge Scheu und Unsicherheit. Ich merke es, als ich mich ihnen nähere und die ersten Fotos schieße. Da war ihnen ganz und gar nicht wohl dabei. Erst als ich ihnen auf dem Display die Fotos zeige, und sie sich teilweise zum ersten Mal in ihrem Leben auf einem Bildschirm sehen, schwindet die Scheu schnell und macht einer unbändigen Neugier Platz. Jeder möchte sich und seine Freunde sehen, möchte verstehen, bespricht sich mit seinen Kumpels, beschreibt, mutmaßt. Ich muss leider etwas zurückhaltend sein, denn ich habe nur beschränkte Batteriekapazität und während dieser Woche gibt es keine Möglichkeit, die Batterien wieder aufzuladen.

Zurück im Mittelalter

So langsam wird mir bewusst, wo ich mich eigentlich befinde: abseits jeglicher Zivilisation, in einer anderen Welt. So schön und idyllisch die Schule liegt, umgeben von Hügeln, kleinen Bergen und viel Urwald, so bedrohlich ist das ganze Umfeld. Und nicht nur deshalb, weil im Umkreis von wenigen Stunden Fußmarsch die Lager der SPDC sind. Die Soldaten verlassen die Lager nur selten und vorsichtig, darum haben die Menschen in den Dörfern dieses Teils von Kawthoolei auch halbwegs Ruhe. Auf meine Frage, warum das so ist, antwortet mir ein junger KNLA-Kämpfer mit stolzer Brust: „Wir haben rund um ihre Camps Minen gelegt, da bleiben sie lieber im Lager und schicken falsche Erfolgsberichte an die Kommandozentrale!"

Es gibt keine Straßen oder ausgebaute Wege hier, also auch keine Fahrzeuge irgendwelcher Art. Nicht mal einen Ochsenkarren kann ich ausmachen, die Menschen tragen das meiste selbst. Strom gibt es auch keinen. Es wäre kaum möglich, den Treibstoff für einen Generator bis hierher zu schleppen.

Burma: Typisches

→ **Tanaka** ist das typische Make-Up der Burmesinnen. Es schützt die Haut aber auch vor Sonne und Umwelteinflüssen, darum werden auch Kinder damit eingestrichen.

Das Holz und die Rinde eines Baumes (Limonia Crenulata) werden auf einem flachen Stein zu feinem, goldgelben Pulver verrieben. Mit Pinseln und Kämmen wird dann das Gesicht kunstvoll verziert.

→ **Betelnut** ist das in Burma am weitesten verbreitete Genussmittel. Die Betelnuss (Areca Catechu) wird klein geschnitten und dann mit kleinen Mengen Pfefferminzpaste, Anissamen, Tabak und anderen Zutaten in die frischen Blätter des Cherutbaumes gewickelt.

Die kleinen Päckchen werden im Mund langsam zerkaut und färben die Zähne rot. Der von der Betelnuss gerötete Speichel wird ausgespuckt. Betelnuss kauen hat eine leicht aufputschende Wirkung, macht allerdings abhängig und steht im Verdacht, Krebs zu erregen.

→ **Cherut** ist die eigenartige Zigarre, die Männer wie Frauen sehr gerne rauchen. Grober Tabak wird in die getrockneten Cherut-Blätter eingewickelt und so Zigarren in unterschiedlicher Länge und Dicke hergestellt. Als Filter dient aufgerolltes Zeitungspapier.

→ **Loungyi** ist der traditionelle Männerrock. Kunstvoll geknotet wird er zur Arbeit, in der Freizeit und bei festlichen Anlässen getragen. Durch wenige Handgriffe sind daraus Sportshorts gewickelt, die jedes heiß umkämpfte Fußballmatch schadlos überstehen.

→ **Mohenga** ist das nationale Frühstück: eine wohlschmeckende Nudelsuppe mit etwas Fisch, gerösteten Bohnen, Knoblauch, Zwiebel und Zitronengras.

→ **Ngapi,** die traditionelle Fischpaste, ist salzig und sehr pikant und wird aus sonnengetrockneten Fischen oder Shrimps und verschiedenen, lokal unterschiedlichen Zutaten hergestellt. Die ob ihres Geruches gewöhnungsbedürftige Fischpaste wird als Geschmacksbasis für fast alle Suppen und Speisen in Burma verwendet.

Selbst für diese zähen Menschen wäre das zu viel. Telefon, Kommunikation? Bis auf die Walkie Talkies der KNLA Kämpfer gibt es nichts.

Hier sterben die Menschen an einfachen Infektionen oder leicht behandelbaren Krankheiten. Es gibt zwar kleine Sanitätsstationen in der Umgebung, die teilweise von der kleinen Flüchtlingsklinik Mae Tao in Thailand betreut werden, aber es fehlen die Instrumente und die Medikamente. Jetzt sind sogar die Malaria Medikamente so gut wie alle, denn es hat eine kleine Epidemie gegeben. Normalerweise gibt es im November und Dezember keine Malaria. Es regnet nicht und es ist kühl. Heuer aber hat es geregnet und alleine hier im Umkreis hat es viele Fälle gegeben.

Ich muss mich an den Gedanken erst gewöhnen, dass hier auch ein kleiner Beinbruch zu einem großen Beinbruch würde. Sie müssten mich, so wie die Minenopfer, in ein Tuch legen, dieses an einem Bambusstamm festmachen und mich so unter Umständen tagelang bis zur thailändischen Grenze und dort dann unbemerkt in ein Spital schleppen. Ich nehme mir vor, meine Aufmerksamkeit hoch zu halten; bei allem, was ich tue.

Gemauerte Häuser mit echten Türen und Fenstern? Fehlanzeige. Es gibt auch keine Geschäfte oder Kaffees oder gar Restaurants. Es gäbe niemanden, der dafür bezahlen könnte. Es gibt nur Hütten, einfache Hütten aus Bambusmatten und Laubdächern, zum Schutz vor Überschwemmungen, Schlangen und Kleinvieh auf Stelzen gebaut. In der Hütte stehen keine Möbel. Die Kochstelle ist offen, der Rauch zieht durchs Dach ab. Über dem Feuer sind offene Regale aus Holz und Metall, hier hängen Kochutensilien und kleine Stücke von geräuchertem Fleisch. Wenn es Fleisch gibt!

Es ist dunkel in den Hütten, Fenster gibt es keine. Wir hocken am Boden; wer es kann, im Lotussitz! Ich kann es nicht. Also sitze ich meistens an einen Holzbalken in der Wand gelehnt mit den Beinen unter dem kniehohen Tisch ausgestreckt. Sie müssen mir zuliebe immer den Tisch in Richtung Wand verschieben. Sie tun es mit einem sympathischen, verständnisvollen Nicken. Ich entschuldige mich dann immer, denn in ihrem Verständnis ist es ein Zeichen von Respektlosigkeit, wenn man beim Sitzen einem anderen Menschen die Füße entgegenstreckt. Ich wurde deshalb in Burma einmal beinahe vom Geheimdienst festgehalten, weil ich anlässlich einer Audienz bei einem berühmten Mönch meine Füße nicht der hohen Würde entsprechend weggedreht hatte.

① Zweihundert Kinder haben noch keinen weißen Mann gesehen

② So groß. So weiß. So viele Haare.

So sitze ich dann auch bei unserem ersten Frühstück, das die Oberlehrerin in ihrem Haus für uns angerichtet hat. Sie spricht wenige Worte englisch; genug, um mich mit ihr unterhalten zu können. Sie überhäuft mich zuerst mit Worten der Dankbarkeit. Ich versuche ihr verständlich zu machen, dass nicht ich für die Schule aufkomme, sondern viele kleine und große Spender in meiner Heimat, die ihr Spendengeld Helfen ohne Grenzen anvertrauen. Mit Hilfe meiner Freunde gelingt es, ihr das klar zu machen. Ich fühle mich in der Rolle des edlen Spenders äußerst unwohl, auch wenn mich die ungespielte, ehrliche Freude der Lehrer und Schüler mit ihrer Schule mit Glücksgefühl und tiefer Genugtuung erfüllt, mich bewegt und berührt.

Ausgeblutet

Seit jenem Tag im Dezember 2002, an dem ich in Mae Sot zum ersten Mal auf diese Menschen traf, fühle ich mit ihnen und bemühe ich mich ein wenig dazu beizutragen, ihr Los zu lindern und die Perspektiven ihrer Zukunft aufzuhellen. Und dann miterleben zu können, zu welchen Ergebnissen diese Arbeit, dieser Einsatz führen, das macht schon freudig betroffen. Ohne die Hilfe von Helfen ohne Grenzen gäbe es hier keine Schule und die Kinder würden weder lesen noch schreiben lernen und nicht für die so sehnlich herbei gehoffte Zukunft in einem freien Karen-Staat in einem freien Burma gerüstet sein.

Genau das ist nämlich das große Problem in Burma und noch mehr das seiner Minderheiten. Das Land ist intellektuell komplett ausgeblutet. Auch wenn es die stark geschönten Statistiken der Militärs anders darstellen, das Bildungsniveau in Burma ist äußerst niedrig. Nur wenige Menschen können richtig lesen und schreiben. Die Studenten an den Universitäten, den wenigen, die geöffnet sind, lernen nur, was die Doktrin vorschreibt. Einzige Ausnahme sind die Söhne und Töchter der Generäle und ihrer Freunde, die allesamt an Top Universitäten in westlichen Landen eine hochwertige

Reisen nach Burma

- Im Jahr 1996 hat das Regime Burma für den Tourismus geöffnet und das „Visit Golden Myanmar Year" ausgerufen. Davor wurden in den touristischen Zentren mit Drogengeld und ausländischer Hilfe Luxushotels gebaut.

- Viele der touristischen Infrastrukturen, darunter Strassen, Bahnlinien, Bahnhöfe, Hotels wurden mit Zwangsarbeit gebaut. Die Menschen werden einfach mitgenommen und müssen ohne Bezahlung und Verpflegung arbeiten oder landen für lange Zeit im Gefängnis.

- Es ist möglich, als Einzel- oder Gruppenreisender das Land zu besuchen. Ein 30 Tage Visum muss vorher beschafft werden.

- Im Land kommt man fast überall hin. Die Preise für die Touristen sind sehr teuer, vor allem für Flüge und Hotels. Bei Zug- oder Bootfahrten ist die erste Klasse obligatorisch. Sie bietet unwesentlich mehr Komfort, kostet aber das Zehnfache des Einheimischenpreises und mehr.

- In den Gebieten, die für Reisende frei gegeben sind, ist das Reisen sicher, es gibt wegen der Spitzelwirtschaft keine Kriminalität.

- Der Geheimdienst überwacht sehr diskret sämtliche Bewegungen von Einheimischen und Touristen, daher ist es auch tabu, in der Nähe von anderen Menschen mit Burmesen über die Menschenrechtssituation oder über Politik zu sprechen.

- Die Gruppenreisen sind reine Propagandatouren. Die gesamten Ausgaben kommen dem Regime und deren Handlangern zugute, auch vom organisierten Souvenirkauf, und werden u.a. in Waffen zur besseren Bekämpfung der Minderheiten investiert.

- Die Bevölkerung hat wenig vom Wohlstand durch den Tourismus. Die meisten Beschäftigten in den Hotels oder den Schauwerkstätten erhalten den Mindestlohn von weniger als 10 Euro im Monat.

- Gruppenreisende könnten Ziele von Anschlägen werden. Es hat seit Ende 2004 bereits mehrere Bombenexplosionen gegeben. Über 20 Thailänder starben und eine höhere, nie bekannt gegebene Zahl Einheimischer.

Die Empfehlung lautet:

- bewusste Einzelreisen mit Vorbereitung und offenen Augen und Ohren: **JA**
- Gruppenreisen oder Luxusreisen: **NEIN**

Ausbildung erfahren und darum alle Spitzenpositionen in der staatlich gesteuerten „Privat"-Wirtschaft innehaben. Aber es sind zu wenige. Deshalb „reaktivieren" die Generäle jetzt wieder altgediente und erfahrene Beamte, da die nachkommende Jugend nur schlecht ausgebildet ist und auch intellektuell nachhinkt.

Menschen ohne Ausbildung haben insgesamt wenig Chancen. Die Kinder der Flüchtlinge drohen allesamt williger Nachwuchs für die Sklavenarbeit in den Sweatshops ausländischer Unternehmer zu werden, egal ob im Exil oder im eigenen Land. Ohne Wissen um die Welt und ihr Funktionieren können sie niemals auf gleicher Augenhöhe mit Investoren aus aller Herren Länder verhandeln, die nach dem Sturz der Militärs dieses Land überschwemmen, ja richtiggehend heimsuchen werden. Und die meisten von ihnen werden skrupellose Glücksritter sein, die auf die Befindlichkeiten und Rechte der Menschen keine Rücksichten nehmen werden, ebenso wenig wie auf Kulturen und Traditionen oder gar die Umwelt.

Darum bewegt mich der Gedanke so sehr, dass hier mehr als 200 Kinder die Chance haben, die Aussicht auf ihre Zukunft ein wenig zu verbessern. Aber ein wenig, ist oft viel. So viel, wie das Frühstück, das ich hungrig vom gestrigen Tag vertilge. Wir essen Reis und Hühnercurry mit etwas Gemüse, Suppe und natürlich Fischpaste und viel Chili. Das gibt Feuer für den ganzen Tag.

Der weiße Mann

Zweihundert Kinderhände strecken sich in die Höhe. Zweihundert Kinderhände, die den Unterschied machen. Den Unterschied zwischen Erster Welt und Dritter Welt, zwischen Neuzeit und Mittelalter. Diese zweihundert Kinder haben noch nie zuvor einen Ausländer, einen „weißen Mann" gesehen. Ich bin der Erste.

Und ich stand vor ihnen in der großen Schulhütte, die auch für Versammlungen genutzt wird. Ich stand und war mindestens ebenso verlegen, wie sie

① Unsere Schule im Dschungel ② Heute ist schulfrei ③ „Take shower“

selbst. Irgendwie spürte ich die Verantwortung des ersten Eindrucks. Ich konnte das Image unserer selbsteingeschätzt ach so überlegenen Herrenrasse aus dem gelobten Westen mit einem unbedachten Auftritt auf lange Sicht ruinieren. Würde ich das verantworten können? Ich beschloss, unserem Namen „ohne Grenzen“ alle Ehre zu machen und mich als das zu präsentieren, was ich im Grunde bin: ein Mensch, genau wie sie.

Ich erzähle von der Reise hierher. Von der Fahrt auf dem Salween River in der Uniform der KNLA. Vom ungewohnten Nachtmarsch. Von meinen durchschwitzten Kleidern. Von meinem – mit hämischen Grinsen bedachten – Zusammenbruch. Ich bedanke mich bei dem Lehrer fürs Rucksack tragen. Die drei Buben erhalten als Dank für ihre Trägerdienste ein rotes T-Shirt einer Bank. Ich bewundere ihre Zielgenauigkeit und frage, ob sie den Vogel schon verspeist hätten. Heute Mittag, war die Antwort. Mein Karen-Freund übersetzte.

Hinter mir auf der Bühne saßen die Lehrer. 11 sind es inzwischen, davon 2 Töchter der Hauptlehrerin und deren Ehemänner. Alle sind freundlich und herzlich und sehr motiviert. Ich sollte doch weiter sprechen. Dazu stieg ich von der Bühne, mir war das alles zu sehr von oben herab, ich wollte näher bei den Kindern sein. Sie waren alle in ihre Tracht gekleidet. Das nahm ich zum Anlass, von meiner Heimat Südtirol zu erzählen.

Auch wir haben Trachten, so wie ihr. Auch wir sind ein altes Volk, das sehr gläubig ist und sehr an seinem Stückchen Grund und Boden hängt. Wir haben unsere Volkslieder, wie ihr, und unser Tänze. Wir sprechen eine eigene Sprache, denn auch wir leben in einem Land, wo wir eine Minderheit sind. Auch wir leben in den Bergen. Und wenn hier die Regenzeit das Leben beträchtlich erschwert, so sind es bei uns im Winter Schnee und Eis. Unsere Menschen lebten auch sehr einfach und von dem kargen Ertrag ihrer Felder. Auch wir wurden plötzlich von einem anderen Volk unterdrückt, mussten wie die Karen eine andere Sprache lernen, unsere Namen ändern und durften nicht mehr unsere Musik spielen, dazu singen oder tanzen.

Das verstanden sie, wie ich aus ihren Gesten zu deuten glaubte. Jedenfalls bezogen sich die Fragen der wenigen Tapferen im Anschluss daran auf meinen Vortrag. Sie waren sehr beruhigt zu hören, dass wir heute eine der am besten geschützten Minderheiten in dieser Welt sind und obendrein noch sehr, sehr reich.

Burma Menschenrechte

- Die Menschenrechtssituation in Burma ist dramatisch und hat sich in den letzten Jahren deutlich verschlimmert, wie detaillierte Menschenrechtsberichte der amerikanischen Regierung, EU, UNO und Amnesty International beweisen.

- Die Militärregierung SPDC lässt keine freie Meinungsäußerung oder freie politische Willensbildung zu. Oppositionsparteien sind verboten oder werden drangsaliert und mundtot gemacht. Die Presse ist im Eigentum der Militärs, freie Presse gibt es keine.

- Ein Spitzelsystem überzieht das Land. Das Netz ist sehr engmaschig, darum wagt kein Burmese über Probleme zu sprechen, schon gar nicht einem Ausländer gegenüber.

- Politische Gegner werden in Schauprozessen zu jahrelangen Gefängnisstrafen verurteilt und oft nach Ablauf der Strafe einfach im Gefängnis vergessen. Folter, Schläge, unzureichendes Essen und medizinische Versorgung, Isolation von der Umwelt, Verbot zu lesen oder zu schreiben sind schlimmer Alltag in den Gefängnissen.

- Führer von Oppositionsbewegungen werden oft lange Jahre in Einzelhaft gesteckt, auch ihre Wachen haben Sprechverbot.

- 2006 gibt es ungefähr 1.300 politische Gefangene in Burma, die prominenteste ist die Friedensnobelpreisträgerin Aung San Suu Kyi.

- Menschen werden zwangsumgesiedelt, Minderheiten systematisch unterdrückt. Dazu gehören wahllose Tötungen, Vergewaltigungen, Folter, Brandschatzung, Entführungen, Vernichtung von Nahrung, Eigentum und Lebensgrundlagen, Bildungsentzug.

- Zwangsarbeit ist weit verbreitet, vor allem Straßen und touristische bzw. öffentliche Infrastrukturen werden mit Zwangsarbeit gebaut. Zwangsträger im Armeedienst dienen als lebende Minendetektoren.

- Kinderarbeit ist verbreitet, ebenso Kindesentführungen. Die Armee hat in ihren Reihen 70.000 Kindersoldaten ab 11 Jahren, die häufig einfach ohne Wissen und Einverständnis der Eltern entführt werden.

Sie hatten auch einige Lieder vorbereitet. Da stand ich nun da vorne, ließ mich feiern, war peinlich gerührt, fühlte mich nicht wohl und bedankte mich schließlich im Namen aller Menschen, die für ihre Schule spenden. Ich würde ihnen und allen Menschen daheim vom herzlichen Empfang erzählen.

Die armen Steine

Das Schulgelände liegt sehr idyllisch, umrahmt von bewaldeten Hügeln auf ca. 800 Metern Seehöhe und 15 Gehminuten vom nächsten Dorf entfernt. Warum die Schule gerade hier und nicht im Dorf errichtet wurde, konnte ich nicht in Erfahrung bringen. Sie sei so einfacher auch von den anderen, entfernteren Dörfern zu erreichen. Jedenfalls haben sie vor drei Jahren, als wir die Zusage gaben, ein großes Stück Wald gerodet. Darauf haben sie nach und nach zwei große Schulhütten, eine Bibliothekshütte, zwei Schlafhütten für die Schüler samt Kochhütte und mehrere Häuser für die Lehrer errichtet. Das Geld stammt von uns, gebaut haben die Eltern und Lehrer. Das ist ihr Beitrag.

Die Klassen sind einfach. Auf nacktem Erdboden stehen handgefertigte Bänke und Tische, eine alte Tafel steht am Ende des Raumes; getrennt sind sie nur durch halbhohe Wände aus Bambusmatten. Heute ist der 30. Dezember, Neumondtag und daher ihr Neujahrstag, das Karen New Year. Ihre Zeitrechnung beginnt mit ihrem Eintreffen in Burma, ihrem gelobten Land, aus der Mongolei kommend. Heuer schreiben die Karen das Jahr 2745. Darum ist auch heute und am darauf folgenden Tag schulfrei.

In der Mitte haben sie auf dem leicht schrägen Gelände einen ganzen Fußballplatz in die Erde gegraben, am oberen Ende mussten sie dazu fast eineinhalb Meter Erdreich abtragen. Und das alles ausschließlich

① Die Wiege

② Pfannkuchen zum Fest

③ Was hat sie erlebt?

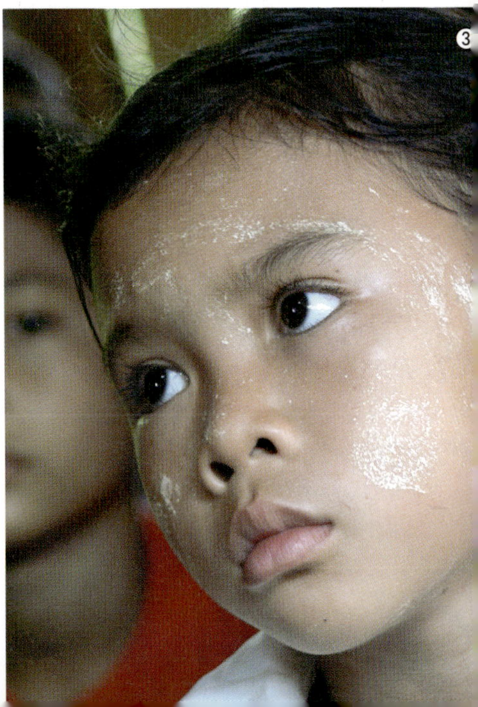

mit Schaufeln und Pickel. Die Erde wurde von den Frauen und Mädchen in Körben weggetragen. Jetzt wird darauf mit großer Begeisterung und unbändigem Einsatz gekämpft. Barfuss und ohne Gnade mit den vielen großen und kleinen Steinen am harten Untergrund. Die armen Steine. Die Jungs haben an ihren Füßen und Zehen Hornhaut so dick, wie die Sohlen an unseren Schuhen.

Ich filme und fotografiere, immer umringt von einer neugierigen Schar Kinder. Jeder möchte sich sehen, die anderen sehen, durch den Sucher schauen, beim Heranzoomen von Entferntem staunen, und neugierig an den Haaren auf meinen Armen ziehen. Wir würden von Affen abstammen, sag ich, und mime einen solchen. Gelächter. Jetzt hüpfen alles kleine Äffchen um mich herum.

Ich setze mich zu den Schülern in die Kochhütte. Drei offene Feuerstellen sind in Betrieb. Sie kochen ihren Reis, ihre Suppe; manche für sich allein, manche haben sich zu einer Kochgemeinschaft zusammen getan. Die Mädchen spießen frische Chilischoten auf kleine Stäbchen und grillen sie, bevor sie sie gemeinsam mit anderen Gewürzen zerstampfen. Unser junger Freund hat seinen Vogel gekocht und bereits verschlungen, wie die kleinen Knochen auf seinem Teller verraten. Ich zeige mit zustimmendem Nicken darauf. Er lacht und zeigt, dass es ihm geschmeckt hat.

Nicht alle haben richtige Teller, auch keine Gläser und Besteck. Ihre Teller sind in der Länge halbierte Glieder eines unterschenkeldicken Bambusstammes. Die Gläser sind quergeschnittene Bambusstämme, das feste Gelenk des Stammgliedes bildet den Boden. Auch die Löffel sind aus Bambus geschnitzt.

Dieser Bambus, der hier überall wächst, ist wirklich ein Geschenk für diese Menschen. Nicht nur, dass er wuchert und äußerst schnell wächst, bis zu 40 Meter in einem Jahr, er ist auch sehr stabil. Wenn sie den runden Stamm vorsichtig auffalten, ergeben sich daraus die biegsamen Bambusmatten, mit denen sie die Böden und Wände der Hütten verkleiden. Die Stämme eignen sich als Wasserrohre ebenso, wie als Angelruten. Die kleinen Äste werden zu Trinkhalmen für die Kokosmilch umfunktioniert, die sie mir hier allenthalben in frisch geernteten Nüssen servieren. Eine Wohltat, es ist nämlich ziemlich heiß am Tag und auch meine Hose ist inzwischen wieder trocken.

Zwangsarbeit in Burma

- Obwohl durch ein Gesetz untersagt, ist Zwangsarbeit in Burma traurige Realität. Die Menschen werden von den Militärs gezwungen, für sie zu arbeiten.

- Die Zwangsarbeiter, darunter Kinder, Frauen und Alte, müssen alles stehen und liegen lassen und mitkommen, sonst drohen Gewalt und Gefängnis.

- Die Menschen müssen sich während ihrer Fron selbst versorgen, werden nicht selten mit Schlägen angetrieben, Kranke werden ihrem Schicksal überlassen.

- Die Zwangsarbeiter bauen Straßen, Bahnhöfe und -linien, touristische Infrastrukturen, Dämme, Kanäle, aber auch militärische Einrichtungen und bedienen die höheren Chargen. Junge Frauen werden entführt und dienen den Militärs als Gespielinnen.

- Vor allem in den Minderheitsgebieten werden Menschen zu Zwangsträgerdiensten gezwungen. Wochenlang tragen sie schwere Lasten durch den Dschungel, oft über längere Zeiträume an ihr Gepäck gefesselt.

- Die Zwangsträger beiderlei Geschlechts laufen dem Tross voran und dienen als lebende Minendetektoren.

- Kinderarbeit ist in Burma ebenso gang und gäbe. Viele Kinder arbeiten aus wirtschaftlicher Notwendigkeit, nicht wenige werden zur Verrichtung von gefährlicher und ungesunder Arbeit gezwungen.

- Die schlimmste Form der Zwangsarbeit ist die Entführung von Kindern und Jugendlichen und die zwangsweise Eingliederung in den Militärdienst. Dort werden sie mit Schlägen gefügig und mit Amphetaminen gewaltbereit gemacht.

Zwischendurch gibt es auch grünen Tee. Das Wasser stammt aus einem kleinen Bach und wird jetzt mit Rücksicht auf uns noch sorgfältiger als sonst abgekocht. Ob das alleine nützt? Denn die Gläser und Trinkgefäße schauen aus hygienischer Sicht nicht gerade vertrauenswürdig aus, und das Geschirr wird nicht in abgekochtem Wasser gewaschen. Mit den dazu verwendeten Tüchern, wischen sie nicht nur den Tisch, sondern auch den Boden. Aber egal, ich esse alles, also auch eventuelle Parasiten. Ich hoffe auf das wachsame Auge meiner Schutzengel. Aber lieber ist mir doch die Kokosmilch im hygienisch einwandfreien Naturgefäß.

Happy New Year zum Ersten

Das Karen New Year wird immer mit einem großen Fest eingeläutet. Die Menschen kommen zusammen, tanzen, musizieren und essen. Die Karen feiern gerne und ihr Neujahr ist eines der bedeutendsten Anlässe dazu. In jedem Jahr war ich irgendwo bei einer Karen New Year Feier, genoss das Bad in der Menge, genoss es, in die für kurze Zeit unbeschwerten Gesichter der Menschen zu blicken, hinter deren Fassade sich soviel erlebtes Leid, soviel Angst und Wut verbergen.

Die Menschen ziehen sich dann das beste Gewand an, meistens die Tracht, richten sich hübsch her und sind durch und durch froh gelaunt. Die Kinder bekommen wie bei uns daheim den einen oder anderen „Snack" oder ein frisch geschabtes Wassereis. Vor dem handbetriebenen Karussell bilden sich lange Schlangen ungeduldig geduldig wartender Bälger. Es gibt viel zu Essen, es wird musiziert, auf der Bühne findet der Karaoke Wettbewerb statt. Danach beginnen die Tänze.

Die Burschen messen sich beim „Maibaumsteigen", ein mit altem Motoröl

① Don Dance zum Karen New Year

② Auch für die Kleinen gibts was Gutes

③ Die Mädchen singen ein Ständchen zu Neujahr

eingelassener Bambusstamm muss bestiegen werden. Ich hatte noch nie das Glück, solch einen Triumph zu erleben. Oder sie schlagen sich beim Kickboxen ohne Handschuhe und Fußschutz die Köpfe blutig. Die Mädchen bewundern die Sieger, die Männer hingegen wetten. Auch für Glücksspiel ist gesorgt, viele Stände mit unterschiedlichen Spielen sind aufgebaut. Da wechselt viel Geld den Besitzer. Aber die Karen sind wie die Burmesen und die anderen Asiaten vom Glückspiel besessen.

Höhepunkt ist dabei immer wieder der Don Dance, den jeweils 16 Burschen und 16 Mädchen vorführen. Dieser Nationaltanz der Karen ist etwas ganz Besonderes. Im Schnitt dauert eine Vorführung 20 Minuten. Dabei sind die Tänzer ohne Unterlass in Bewegung. Der Tanz ist voller Dynamik und Anmut, alle Tanzschritte und Formationen werden in perfekter Choreografie und Harmonie ausgeführt. Dabei singen die Mädchen und Burschen den oft selbst verfassten Text aus voller Kehle. Nach der Aufführung fallen regelmäßig Mädchen in Ohnmacht und auch die Burschen müssen sich zuerst einmal eine ganze Weile hinsetzen. Wenn man bedenkt, wie zäh und durchtrainiert diese Menschen sind, dann kann man sich vorstellen, wie hart und körperlich fordernd dieser Tanz ist.

Bereits Monate vor der Aufführung beginnt die Truppe mit dem harten Training. Meistens sind ältere Choreografen als Trainer dabei, die wie Dompteure mit Bambusstock bewaffnet durch die Tänzerreihen spazieren. Und da hagelt es ganz heftig Schläge gegen die Oberschenkel, wenn jemand aus der Reihe oder nicht im Rhythmus tanzt oder gar die Schrittfolge vergessen hat. Aber für den Zuschauer ist der Don Dance ein Fest für Auge und Ohr, genauso wie der Bambustanz und der Bändertanz. Der Bändertanz erinnert stark an daheim. Nur wird hier als Begleitmusik die Melodie von „Lilly Marlen" gesungen. Wer da wohl von wem abkupfert hat?

Heuer gab es aber kein Fest für mich, hier an diesem Winkel der Erde feiern sie nicht. Einige der Männer und Frauen sind einen halben Tag lang in den nächsten großen Ort gewandert, um dort an den Feiern teilzunehmen. Die Zurückgebliebenen gingen wie an jedem Tag des Jahres mit dem Einbrechen der Dunkelheit schlafen. Auch wir saßen noch einige Stunden zusammen und plauderten im sanften Schein der Kerzen, aber gegen neun Uhr wurde es immer ruhiger und bald schliefen alle. Es ist friedlich, kein bedrohliches Geräusch, kein Lärm. Die Menschen schlafen ruhig. Das ist ein gutes Zeichen.

Burma Kindersoldaten

- Das burmesische Gesetz schützt alle Kinder unter 16 Jahren vor Ausbeutung, gefährlicher Arbeit, Gesundheitsgefährdung. Zuwiderhandelnde werden mit bis zu 6 Monaten Gefängnis bestraft. So die Theorie.

- Burma hat gleichzeitig das größte Kindersoldaten-Heer der Welt. Über 70.000 Kinder im Alter zwischen 11 und 18 Jahren dienen in der Tatmadaw, dem burmesischen Militär, und stellen damit ein Fünftel aller Soldaten.

- Das Kinder-Rekrutierungsprogramm der burmesischen Armee läuft offiziell unter der Bezeichnung „Tapfere Sprösslinge" (Brave sprouts).

- Die wenigsten Kinder kommen freiwillig. Viele werden auf dem Nachhauseweg von der Schule, an Spielplätzen, Bushaltestellen u.ä. einfach mitgenommen. Sie sind kaum älter als 11 bis 14 Jahre. Der Lohn für die Entführer bzw. Vermittler: Reis im Wert von ca. 10 Euro.

- Die Kinder landen in einem entfernten Ausbildungslager, werden unter Schlägen gefügig gemacht, lernen kämpfen und töten. Die Eltern wissen nichts über den Verbleib der Kinder, die Kinder sehen ihre Eltern in den ersten fünf Jahren ihres Zwangsdienstes nicht.

- Nach kurzer Zeit müssen sie an die Front und bei allen Kamphandlungen mitmachen, quälen, töten und vergewaltigen. Zur Steigerung der Gewaltbereitschaft erhalten sie Amphetamine.

- Auch einige der Volksarmeen der Minderheiten haben Kinder in ihren Reihen, setzen sie laut eigenen Angaben aber nicht im Kampf ein.

- Die Karen National Liberation Army – KNLA bildet in den Schulferien Kinder aus. Es sind zumeist Waisen, die aus Mangel an Alternativen helfen möchten, das Unrecht an ihren Eltern, an ihrem Volk zu rächen. Unter dem Jahr besuchen die Kinder die Schule.

Die Eisbrecher

Überall, wo wir hinkommen, das gleiche Bild. Einfache, heruntergekommene Hütten, keine Infrastruktur, kein Hinweis auf die moderne Welt hier gleich um die Ecke, sieht man von einigen Postern und Bildern aus Illustrierten ab, die sie an die Wand geheftet haben.

Wenn wir in ein Dorf kommen, treffen wir meistens auf verängstigte, scheue Menschen. Sie verstecken sich in ihren Hütten, sobald sie uns sehen. Die Kinder sind die ersten, die weglaufen, aber auch die ersten, die wieder erscheinen, neugierig aus den Ritzen in der Hauswand lugen, sich dann vor die Hütte wagen und schließlich uns in ihre Nähe erlauben.

Wenn ich die Kamera zücke, gibt es schon den einen oder anderen verschreckten Schrei und Tränen. Ich muss mich erst an den Gedanken gewöhnen, dass sie hier keine Kamera kennen und wenn ich das schwarze, dunkle Objektiv auf sie richte, eine neuartige Waffe fürchten, sich deshalb ängstigen. Wir lassen unsere Begleiter daher zuerst den Menschen erklären, wer wir sind und was wir hier tun. Dadurch entspannt sich die Lage rasch und Mütter schicken schon mal schnell ihre Kinder, die beste Tracht aus dem Haus zu holen, um sich dann stolz fotografieren zu lassen und ihr Bild dann sogleich zu bewundern.

Ich breche das Eis am wirksamsten, indem ich aus einem Luftballon ein Tier, ein Schwert oder einen Kopfschmuck modelliere. Das hält keine Kinderneugier lange aus und bald bin ich von allen Kindern des Ortes umringt, die diszipliniert und mit nur gelegentlichem Drängen (die Buben, wie immer sind's die Buben) auf ihren Moment warten. Die Nachricht verbreitet sich schnell und ich bin immer wieder erstaunt, wieviele Kinder doch in so wenigen und so kleinen Hütten wohnen. Dann sitze ich oft stundenlang und modelliere Ballons. Am Abend habe ich zwar wunde Finger, aber auch viele glückliche Kinder, die für kurze Augenblicke Abwechslung, Freude und Spaß hatten.

Während ich Ballons modelliere, beobachte ich die Kinder immer sehr genau. Ihre Mienen und Gesten sagen soviel aus, erzählen Bände. Und erst ihre Augen, diese dunklen, so tief gründenden Augen. Manchmal würde ich gerne hinein tauchen, sehen und verstehen, was sich dahinter verbirgt. So aber strahlen und leuchten sie, und verstecken die unausgesprochene Trauer,

① Die unsichere Freude

② Sie machen alles selbst

③ Bald gibt es was zum Trinken

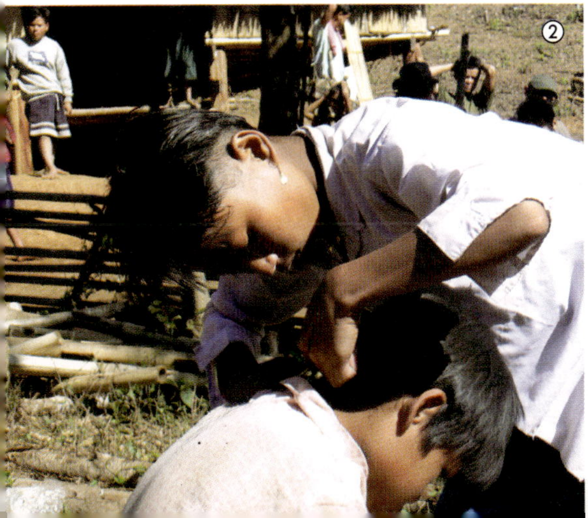

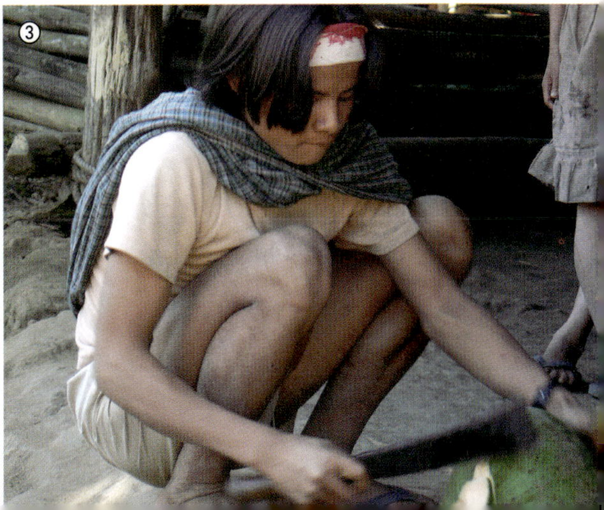

die tägliche Angst, die Wut, die Schmerzen. Diese strahlenden Augen sind in Wirklichkeit ein ohnmächtiger Hilferuf.

Ich sehe die Neugier der Kinder, das von Minute zu Minute schwindende Misstrauen. Ich sehe ihre Fröhlichkeit und Sehnsucht nach Unbeschwertheit. Ich sehe den Drang, loszulassen, einfach rauszulaufen, zu springen, zu spielen, sich auszutoben. Aber das Schicksal zwingt sie in eine Rolle, der sie kaum gewachsen sind. Sie müssen erwachsen sein, mithelfen, mitarbeiten. Für das Kindsein bleibt nur wenig Zeit.

Viele erstarren in sprachloser Ehrfurcht, wenn ich frage, was für ein Tier ich modellieren soll, oder welche Farbe der Luftballon haben darf. Aber am meisten beeindruckt mich, wie sie den Ballon in Empfang nehmen. Ein gerader Blick, selten ein Lächeln, ein kurzes, festes Zupacken, ein kurzer Moment der Gewissheit, jetzt gehört er mir, endlich, und dann wortlos und schnell ab, mit den Freunden begutachten, besprechen, spielen. Und dann der verzweifelte Blick, wenn der Ballon platzt. Eine mittlere Tragödie, die sich in dem betroffenen Kind abspielt.

Auch die Erwachsenen gesellen sich nach und nach zu uns, kommentieren, lachen, imitieren meine Bewegungen, bringen ihre Kleinsten im Arm mit. Sie blicken mich an und dann ihr Kind und dann lächeln sie freundlich. Ich habe verstanden, welches Tier darf es sein? Sie lächeln alle, immer, es gibt nur freundliche Gesichter, die Atmosphäre ist warm und herzlich. Irgendwer bringt uns dann meistens Kokosmilch oder ein Glas Tee.

Die Menschen hier sind alle sehr mager und zäh. Auch die Kinder müssen von Klein an hart mit anpacken und sind deshalb erstaunlich kräftig. In keinem Dorf habe ich so etwas wie Müßiggang gesehen, jeder ist immer in Bewegung, tut etwas, arbeitet. Die einen schleppen Lasten, die anderen Feuerholz. Die Männer schneiden mit ihren rasierklingenscharfen Macheten den Bambus zurecht, schneiden Bahnen raus, damit die Frauen Körbe flechten können, oder kleine Leisten, an denen wiederum die Frauen die Blätter fürs Dach mit kleinen Bambusstreifen festnähen. Die Alten kochen, die Mädchen passen auf ihre jüngeren Geschwister auf oder kommen mit Körben voller Laub, das für den Dachbau gebraucht wird, aus dem Wald zurück. Und die Buben schauen meistens nach dem Großvieh, den Kühen und den Ziegen.

Nur am Abend sitzen sie noch gerne etwas zusammen, lassen den Tag aus-

Drogen in Burma

- Der Nordosten Burmas, das sog. Goldene Dreieck, war lange Zeit für mehr als 2 Drittel der Weltproduktion von Heroin verantwortlich. Heute ist der Anteil geringer. Grund dafür ist die gestiegene Heroin-Produktion in Afghanistan und eine Verringerung der Anbauflächen.
- Der Anbau und Handel wird von der Volksgruppe der Wa und der United Wa State Army (UWSA) kontrolliert.
- Deren Führer Khun Sa hat vor einigen Jahren eine Vereinbarung mit den Generälen getroffen, die ihm Straffreiheit garantiert und der SPDC einen höheren Anteil an den Einnahmen.
- Die UWSA arbeitet eng mit der SPDC zusammen und kämpft in ihrem Auftrag gegen andere Minderheiten, vor allem die Shan.
- Der Entgang von Einnahmen aus geringerer Heroinproduktion wird durch die Herstellung und den Schmuggel von Metaamphetaminen ausgeglichen.
- Das schnell süchtig machende Ya-Ba ist problemlos zu produzieren, leicht zu schmuggeln und hat unter den Jugendlichen der Mittelschicht im benachbarten Thailand bereits viele Opfer gefordert.
- In Burma selbst ist der Missbrauch von Ya-Ba weit verbreitet, aber auch die Heroinsucht. Es wird von 500.000 Heroinabhängigen ausgegangen, der größte Teil von ihnen ist HIV positiv.
- Mit den Einnahmen aus dem Drogenhandel werden Waffen und touristische Infrastrukturen finanziert.

klingen. Die Frauen rauchen dann gerne die dicken, scheußlich schmeckenden Cherut-Zigarren oder aus Pfeifen, die aus Maiskolben oder aus Bambusholz hergestellt wurden. Die Männer kauen die Betelnuss-Päckchen mit ihrer leicht aufputschenden Wirkung. Mit dem dunklen Saft spucken sie die ganze Gegend rot. Und auch ihre Zähne leuchten unappetitlich dunkelrot. Sie plaudern ruhig, scherzen und lachen. Die Atmosphäre ist entspannt, heiter. Zu gerne würde ich verstehen, worüber sie reden, vor allem ihre Kommentare über diese andersartigen Menschen aus dem Westen hören. Meine Karen Freunde brauche ich da gar nicht erst nach einer Übersetzung fragen. Das fällt mit dem üblichen freundlichen und vielsagenden Lächeln in die Kategorie „Verschwiegenes“.

Sterben ist hier leicht

Gesund sind sie alle nicht, das sieht man an ihren Gesichtern, Zähnen, Händen. Viele haben die Krätze und sind deshalb von Kratzekzemen übersät. Vor allem die Kinder tun mir Leid. Ich frage unsere Lehrer, warum sie dem nicht durch Aufklärung entgegenwirken würden. Die Krätze wäre so leicht zu vermeiden, ein Stück Seife und regelmäßiges Waschen wirken schon Wunder, und ebenso leicht zu behandeln. Sie würden es ja versuchen, sagen sie mir, aber in vielen Familien herrschen prekäre hygienische Zustände, für Seife fehlt das Geld, für Sauberkeit das Verständnis und die Schlafdecken als Ansteckungsherd werden oft monatelang nicht gewaschen.

Mensch und Tier wohnen hier zusammen. Die Haustiere laufen frei im Dorf herum, die Kinder spielen mitten unter ihnen und ihren Exkrementen. Und den Exkrementen der Menschen, denn aus Mangel an Latrinen verrichten sie oft ihre Notdurft in den Büschen rund ums Dorf. Jetzt in der Trockenzeit ist das noch erträglich. Aber in der Regenzeit, wenn alles aufgeweicht und schlammig ist und die feuchte Erde zum Nährboden für Keime, Parasiten

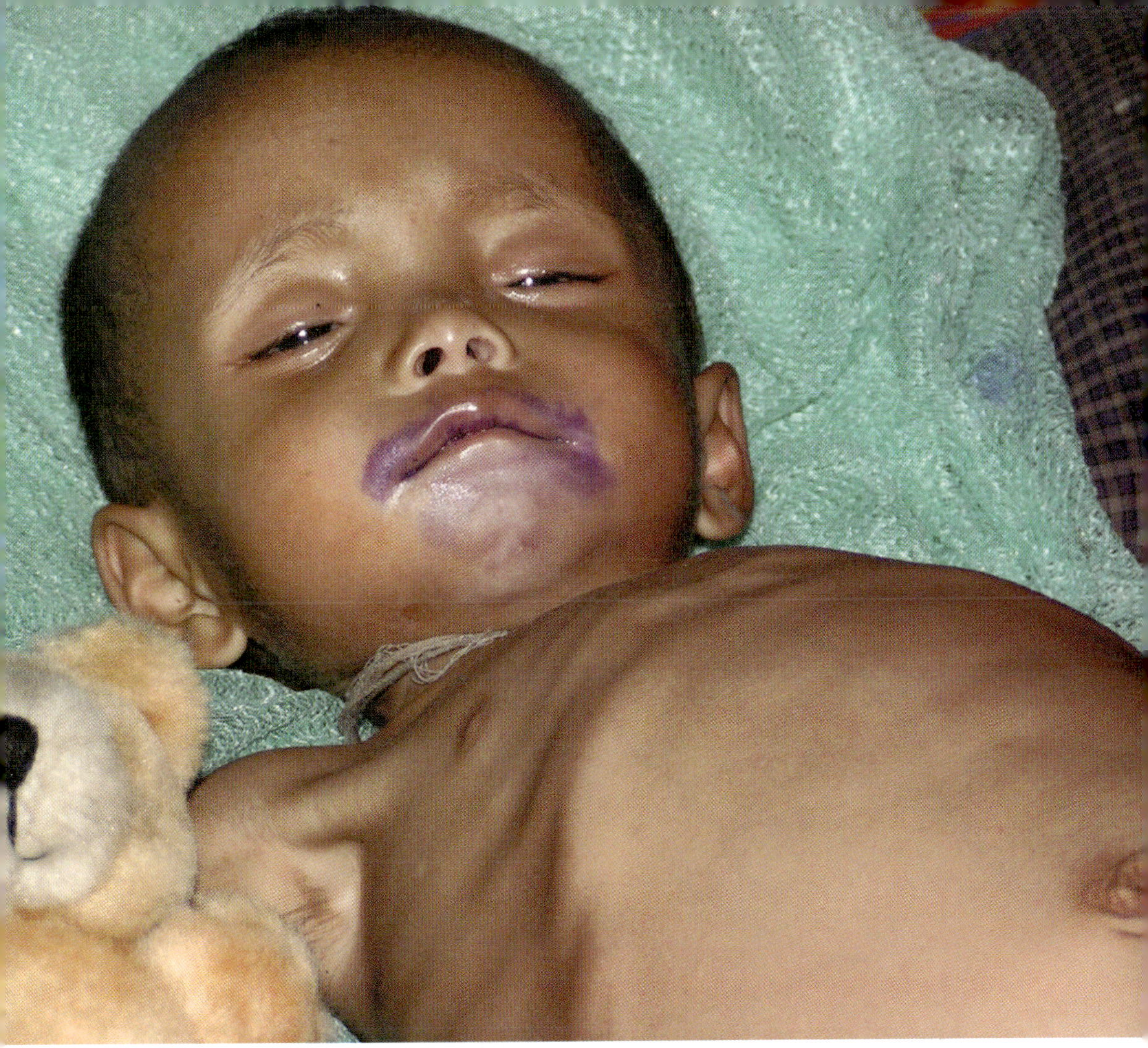

① Sie haben ihn wieder aufgepäppelt

② Malaria im Dschungel

③ Ein Minenopfer von vielen

②

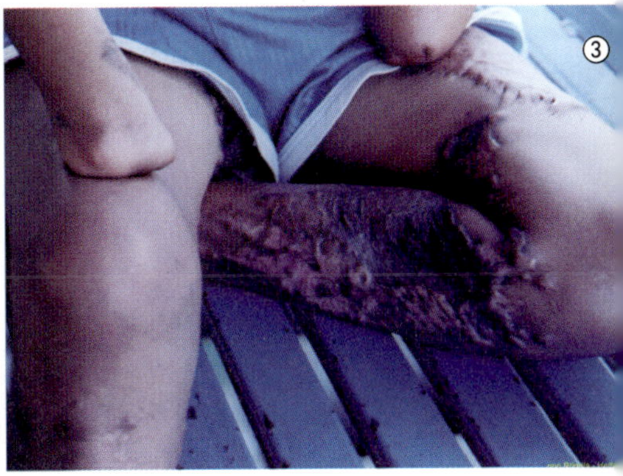

③

und Ungeziefer wird, ändert sich die Situation dramatisch. In den Pfützen gärt es, stinkt es und die Gefahr von Infektionen steigt.

Wer krank wird, schwebt hier automatisch in Lebensgefahr. In den wenigsten Dörfern und noch weniger in den Verstecken der Internally Displaced People (IDP's) gibt es Krankenstationen oder Ähnliches, von Krankenhäusern ganz zu schweigen. Die wenigen, die es gibt, sind gerade in der Lage, eine Notversorgung anzubieten.

Die Mitarbeiter an diesen Krankenstationen sind meistens zwar motivierte, aber nur mittelmäßig ausgebildete Sanitäter oder Hebammen. Sie tun ihr Bestes, nehmen sogar kleinere Eingriffe oder Notamputationen vor, aber sie sind keine Ärzte. Aber selbst einem Arzt wären hier vielfach die Hände gebunden, denn es gibt nur wenige Medikamente und kaum Geräte. Ein Mikroskop, ja, ein Stethoskop, auch! Aber das ist dann schon alles. Es gibt auch keinen elektrischen Strom, das schränkt weiter ein. Bestimmte Medikamente oder Blutkonserven können deswegen gar nicht gelagert, Notfälle nach Einbruch der Dunkelheit nur beschränkt bei Kerzenlicht behandelt werden.

Schlimm sind auch die Patienten dran, die mit Malaria, Dengue-Fieber, Tuberkolose, schwerem Durchfall oder Meningitis eingeliefert werden. Sie liegen auf dem Boden, haben oft keine oder unzureichende Decken, obwohl am Morgen die Temperaturen auch bis auf 10 Grad sinken können. Essen gibt es nur ungenügend und meistens muss die „Klinik" zusätzlich die gesamte Familie mitversorgen, die oft von weither den Patienten begleitet oder sogar hergetragen hat.

So sterben hier die Leute an leicht behandelbaren Infektionen oder Krankheiten, die bei uns problemlos mit wenigen Medikamentengaben geheilt werden. Ich denke erst gar nicht an das Schicksal der chronisch Kranken, die es hier auch gibt, vor allem Asthmatiker und Diabetiker. Die diabetische Frau bleibt mir ewig in Erinnerung, die da am Boden lag, abwesend, halb blind und die Beine zum Platzen geschwollen. Lange wird sie so sicher nicht mehr überleben können. Am schlimmsten stelle ich mir das Leid der Krebspatienten vor. Hier gibt es kaum Schmerzmittel und schon gar nicht hochwirksame Morphine, die für die Linderung ihrer Schmerzen notwendig wären. Grauenvoll.

Dr. Cynthia Maung bildet an ihrer Mae Tao Klinik in Mae Sot Sanitäter aus,

Aids in Burma

- AIDS gilt als große Bedrohung für Burma. Erst in den letzten Jahren wurde mit Aufklärung begonnen, allerdings nur in Zentralburma. In den Minderheitsgebieten wird wenig getan, dort wird AIDS indirekt als Waffe eingesetzt.
- Verlässliche Angaben über Infektionsraten sind nicht erhältlich, den offiziellen Statistiken ist nicht zu trauen.
- Die Durchseuchungsrate wird 2004 mit 1,4% der Bevölkerung angegeben, UNAIDS spricht hingegen von 3,5%.
- Zum Vergleich, die Rate der HIV-positiven schwangeren Frauen an der Mae Tao Flüchtlingsklinik in Mae Sot/Thailand hat sich innerhalb von vier Jahren auf 2,2% im Jahr 2005 verdoppelt.
- Unter Prostituierten liegt die Durchseuchungsrate angeblich bei über 30%, mit Spitzen von 60% in den großen Städten oder den Grenzstädten zu China. Diese Zahl entspricht der in Thailand unter wissenschaftlichen Bedingungen gemessenen Rate unter Prostituierten aus Burma.
- Unter Heroinabhängigen liegt die Rate der Infizierten aus Mangel an sauberen Spritzen bei bis zu 96% der männlichen Bevölkerung.
- In den Gefängnissen Burmas sterben jährlich Hunderte Gefangene an AIDS.
- Die Arbeit von NGO's bei Aufklärung und Versorgung wird vom Regime behindert, die ersten Organisationen, wie Global Fund, haben daher 2005 ihre Tätigkeit eingestellt und Burma verlassen.
- Die Behandlung von AIDS Patienten mit retroviralen Medikamenten wird in Burma nur punktuell für wenige Privilegierte aus dem Umfeld des Regimes angeboten.
- Das staatliche Budget Burmas für AIDS-Aufklärung betrug im Jahr 2004 18.000 Euro.

die dann als so genannte Rucksacksanitäter hierher zu den Menschen ziehen. Es sind meistens Teams von vier „Backpacks“, die zu Fuß und unter Gefahr fürs eigene Leben ihren Landsleuten im Dschungel Hilfe bringen. Mit dabei haben sie Körbe voller Medikamente, die für 6 Monate reichen sollten. Aber Krankheiten können nicht geplant werden, darum gibt es regelmäßig Mangel. Nach sechs Monaten brechen die Sanitäter wieder Richtung Mae Sot auf, bilden sich weiter, berichten über die Tätigkeit, besprechen Probleme und kehren nach einem Monat Pause wieder voll bepackt zurück. Für die nächsten 6 Monate. Es gibt zwar inzwischen 75 solcher Teams aber auch noch viele Hunderttausende Männer und Frauen, Kinder und Alte, die unversorgt ihrem Schicksal überlassen sind.

Niemand ist immun

Etwas uneinsichtig sind die Karen, wenn es um AIDS geht. Ich habe meine Freunde und Gesprächspartner verschiedentlich darauf angesprochen. Auch wollte ich wissen, ob das Gerücht stimmt, dass immer mehr Rucksacksanitäter ihr Gebiet stolz als „Condom Free Zone“ bezeichnen.

Tatsächlich sehen die Karen das AIDS Problem mit einer fast naiv anmutenden, verklärten Sichtweise. Ihre Kultur zeichne sich durch einen sehr hohen Moralanspruch aus. Geschlechtsverkehr vor der Ehe sei ebenso verpönt, wie Promiskuität oder Ehebruch. Es gäbe also keine Gefahr, so sagen sie, denn die gesellschaftliche Kontrolle würde bei ihnen lückenlos funktionieren.

Da nützen auch meine Argumente nichts, dass viele Karen in Thailand gelandet sind, dass dort unter den Jugendlichen vorehelicher Geschlechtsverkehr gang und gäbe sei, dass Männer zu Prostituierten gingen, vor allem die Dschungelkämpfer, wenn sie nach langen Monaten im Nichts wieder an oder über die Grenze kommen. In Mae Sot alleine schwärmen täglich Hunderte burmesischer Mädchen mit einem Eintagesvisum über die Grenze,

① Tapfere Mädchen. Was bringt die Zukunft?

② Ein Pfeiferl zum Tagesausklang

③ Frauen im Straßenbau

die sich für wenig Geld den Flüchtlingen anbieten. Ungeschützt, natürlich. Es gibt also genügend Infektionsquellen und keinen Zweifel darüber, dass die Infektionswelle bereits in das Karen Gebiet übergeschwappt ist.

Die wahre AIDS-Situation an der Grenze und in Burma sieht bedrohlich aus. An der Mae Tao Clinic sind bereits über 2,2% aller gebärenden Frauen HIV positiv. Bei den Flüchtlingen weiter nördlich, vor allem bei den Shan, ist die Rate noch höher. Und besonders schlimm sieht es in einigen Gegenden innerhalb Burmas aus, vor allem im Shan Staat am goldenen Dreieck, wo die ganze Heroinproduktion herstammt. Aufgrund der Aussichtslosigkeit der Menschen ist Heroinsucht dort weit verbreitet. Aus Mangel an sauberen Spritzen wird jede so lange verwendet, bis die Nadel stumpf ist; und natürlich wird sie von mehreren „Junkies" gleichzeitig genutzt. In manchen Dörfern sind bis zu 96% der männlichen Jugendlichen zwischen 15 und 30 Jahren infiziert.

Eine weitere Ansteckungsquelle ist natürlich die Sexindustrie. Alle Mädchen aus und in Burma, die zur Prostitution gezwungen werden, verkauft oder verraten, landen in irgendwelchen obskuren Bordellen und sind zu ungeschütztem Verkehr verurteilt. Die Durchseuchungsrate ist dort sehr hoch, in manchen Orten sind über 60% der Prostituierten infiziert.

Auch die Aufklärung lässt zu wünschen übrig. Wenn dann sogar Sanitäter keine Kondome mehr verteilen, ist die Alarmstufe hoch. Kein Wunder, wenn 16-jährige Mädchen aus der Flüchtlingsgemeinschaft im achten Monat schwanger in die Mae Tao Klinik in Thailand kommen und nicht wissen, dass sie schwanger sind, nicht wissen, dass sie überhaupt Geschlechtsverkehr hatten.

Burma selbst betreibt vorbeugende Aufklärung nur punktuell und mehr aus Propagandazwecken. Die Touristen und internationalen Beobachter sollen irregeführt werden. Tatsache ist, dass es kaum Aufklärung gibt und so gut wie keine Versorgung. Das moderne AIDS-Labor Burmas in Mandalay kann nicht genutzt werden, weil keine Tests angekauft werden können. Einige Hilfsorganisationen wie der Global Fund, die sich um Aufklärung und Versorgung von AIDS-Kranken in Burma bemühten, haben das Land verlassen, da sie neuerdings wieder von den Militärs behindert und in ihrem Bewegungsspielraum eingeschränkt wurden.

Aus strategischen Gründen wird vom Regime überhaupt nichts unternom-

Schicksalstag 8. 8. 88

- Dieses Datum steht für eines der größten Verbrechen an der Menschheit und ist gleichzeitig der Tag, an welchem der Mord an den Völkern Burmas eine grausame Verschärfung erfuhr.

- Am 8.8.88 starben zwischen 3.000 und 10.000 unschuldige Studenten und junge Menschen, die friedlich in den Straßen Rangoons für Freiheit und Demokratie demonstrierten.

- Die Militärregierung gab Schießbefehl ohne Vorwarnung, es wurde wahllos und ohne Unterlass in die Menschenmenge geschossen.

- Tausende Studenten und Studentinnen wurden festgenommen, gefoltert und zu jahrelangen Gefängnisstrafen verurteilt, manche zu verschärfter Einzelhaft.

- Im ganzen Land wurden willkürlich Menschen getötet, verhaftet, zwangsumgesiedelt und vertrieben.

- In den burmesischen Gefängnissen darf weder gelesen noch geschrieben werden, Besuche werden erschwert und viele der Insassen sterben an den Folgen von Folter und Gewalt, Mangelernährung, Krankheiten, Selbstmord oder immer häufiger an AIDS.

- Tausende Studenten und vom Regime des Aktivismus verdächtige Personen flohen ins Ausland.

men, um die Menschen in den Minderheitengebieten über die Gefahr aufzuklären. Dort sollen die Leute dumm bleiben und dumm sterben; je mehr, desto besser. Die perfide Überlegung der Generäle ist einfach. Die meisten HIV-Infizierten sind Männer. Jeder Mann weniger bedeutet einen Widerstandskämpfer weniger. Und je mehr Menschen sterben, desto mehr wird die Widerstandskraft der Minderheiten geschwächt und irgendwann wird das Regime dann die Oberhand gewinnen. Ein bösartiges Spiel.

Ich hoffe, meine Freunde denken darüber einmal ohne Scheuklappen nach.

Ziegensuppe zum Neuen Jahr

Die Suppe heute Abend schmeckte gut. Dazu gab es buntes Allerlei von der Ziege, mundgerecht zerkleinert und ohne weitere Auslese im Eintopf gekocht. Zu Beginn wollte ich vermeiden, allzu viele von den Innereien abzubekommen. Aber dann fiel mein Herumstochern auf, also schöpfte ich einfach aus dem Vollen, blickte in die fröhlichen Gesichter der Hauptlehrerin und meiner Freunde und genoss. Was das wohl für eine Suppe sei, fragte ich neugierig in die Runde und setzte damit ein beherztes Gespräch zwischen der Köchin und meinen Freunden in Gange.

Irgendetwas schien sie nicht ganz zu befriedigen, ihre Stimmungslage schwankte zwischen Heiterkeit und Betroffenheit. Irgendwann fasste sich jemand ein Herz und meinte: „clean goat stool soup!“, nicht aber ohne zu betonen, dass der vorher wirklich gereinigt wurde. Jetzt musste ich doch etwas schlucken. Nachdem ich die aufkommende Übelkeit bekämpft hatte, begann ich das Ganze doch etwas zu hinterfragen.

Bei allem was ich mir an exotischen Delikatessen vorgestellt hatte, eine gereinigte Ziegenscheißesuppe war nicht darunter. Schwer vorzustellen, dass

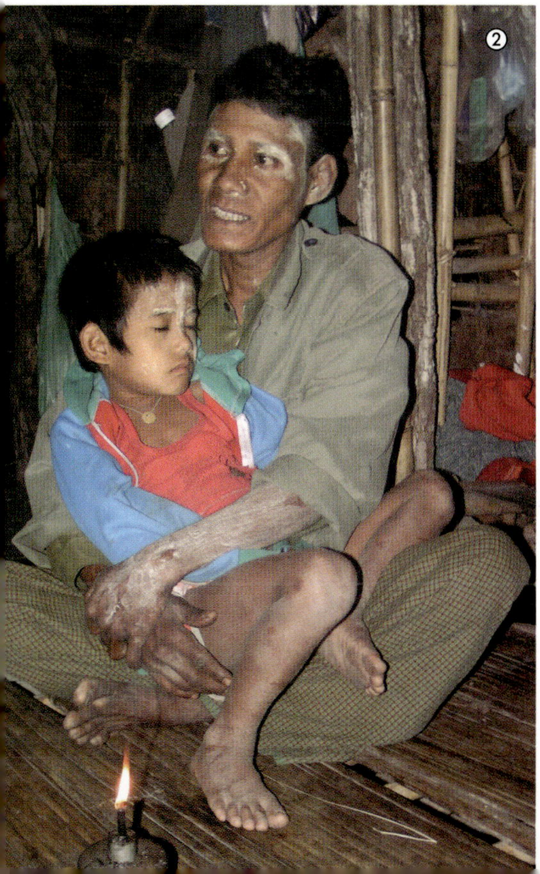

① Kunststück für die Kamera

② IDPs: vertrieben und ausgemergelt

③ Das Schulessen

solch eine Hinterlassenschaft so gut schmecken konnte. Ich rührte diskret die Suppe auf und prüfte im Kerzenlicht die Ingredienzen. Ziegenstuhl fand ich keinen. Dafür aber Kutteln. Kuttelsuppe ist zwar nur sehr weitläufig mit Ziegenstuhlsuppe verwandt, aber ich muss meinen verzweifelt nach Begriffen suchenden Freunden den guten Willen anrechnen. Und nachdem ich Kutteln auch sonst mag und die Suppe wirklich exzellent war, aß ich sie mit Vergnügen. Und sollten doch versteckte Verdauungsreste darin gewesen sein, so sind die inzwischen wieder dort, wo sie vorher schon einmal waren.

Später folgte die Überraschung. Wir waren gerade beim Einschlafen, als ich noch in die Runde erzählte, dass heute unser Neujahrsabend sei. Es dauerte keine fünf Minuten und die ganze Mädchenschar mit ihrer Lieblingslehrerin gesellte sich zu uns. Sie hatten ihre handgeschriebenen Liederhefte mitgebracht, hockten sich auf den Boden, stellten eine Kerze in ihre Mitte und begannen einfach zu singen. Und sie sangen so schön und so bewegend, dass ich mich eine Zeit lang hinter meiner Kamera verstecken musste, so stark berührte mich die Szene, die warme und heitere und gleichzeitig wehmütige Stimmung.

Es war so unwirklich, so fast kitschig romantisch, dass ich zuerst gar nicht wusste, wie mir eigentlich geschah. Ich sah das Flackern der Kerze, diesen kleinen, Licht spendenden Schein inmitten absoluter Dunkelheit, sah die leuchtenden Augen der Mädchen, hörte ihre hellen, klaren Stimmen, die mir in diesem Moment wie Engelschöre klangen. Sie sangen von ihrer Heimat, von ihrem Volk. Sie sangen vom Wunsch wieder vereint und friedlich im eigenen Land leben und all die aufgestauten Träume verwirklichen zu können. Sie sangen von Liebe und verlorenen Lieben, von Mut und Tapferkeit, von der Schönheit ihres Landes, von den Menschen.

Ich sang unser Heimatlied und erzählte von daheim. Lorenzo, den ich ob seiner römischen Herkunft immer scherzhaft als Vertreter der italienischen SPDC betitelte, sang „O sole mio“ und noch einige römische Volkslieder dazu. Und wie überall wo Menschen singen, änderte sich auch hier die Stimmung schlagartig.

Die Distanz zwischen ihnen und uns war plötzlich zusammen gebrochen. Ohne viel Worte zu sprechen, fühlten wir uns alle nahe. Wir spürten, dass wir alle Teil einer Familie sind. Die scheuen Blicke der Mädchen waren einem unverfänglichen Interesse gewichen. Wir konnten uns in die Augen

Aung San Suu Kyi

- Aung San Suu Kyi ist die Heldin des friedlichen Kampfes für Freiheit und Demokratie in Burma. Dafür wurde sie im Jahre 1991 mit dem Friedensnobelpreis ausgezeichnet.
- Aung San Suu Kyi wurde 1945 in Rangoon geboren. Ihr Vater war General Aung San, der Burma zur Unabhängigkeit von Großbritannien führte und daher noch heute hochverehrt ist. Er wurde 1947 vom späteren Diktator Ne Win ermordet.
- Aung San Suu Kyi wuchs zum Teil in Indien auf und studierte später an der Universität in Oxford, England.
- Sie war im August 1988 auf Besuch bei ihrer kranken Mutter in Rangoon, als die friedlichen Studentenproteste für Freiheit und Demokratie begannen. Recht rasch wurde sie an die Spitze der Bewegung gespült und gründete die NLD – National League for Democracy.
- Nach der blutigen Niederschlagung der Proteste rief sie ihre Anhänger zu zivilem Ungehorsam auf.
- Mit Hilfe von internationalem Druck kam es 1990 zu demokratischen Wahlen. Die Generäle waren siegessicher, die NLD gewann allerdings mit 81% aller Stimmen insgesamt 406 von 489 Sitzen. Die Wahl wurde nicht anerkannt.
- Aung San Suu Kyi lebt seit damals, nur mit kurzen Unterbrechungen, unter Hausarrest und überlebte schlimme Schikanen, Übergriffe und Angriffe auf ihr Leben.
- Der letzte Überfall auf sie fand am 31. Mai 2003 statt, dabei starben ca. 70 ihrer Anhänger. Aung San Suu Kyi verschwand daraufhin mehrere Monate im Gefängnis und lebt seitdem unter verschärftem Hausarrest. Nur ihr Arzt darf einmal pro Woche zu ihr. Sämtliche Kontakte zur Außenwelt sind abgeschnitten, auch zu ihren beiden Söhnen.
- Die Freiheitsheldin heiratete 1972 den Engländer Michael Aris und hat zwei Söhne mit ihm, die sie seit 1995 nicht mehr gesehen hat. Ihr Mann starb 1999 an Krebs. Ihm wurde von den Generälen die Einreise zum Abschiednehmen verwehrt.
- Der Hausarrest von Aung San Suu Kyi wurde am 27. Mai 2006 um ein weiteres Jahr verlängert.

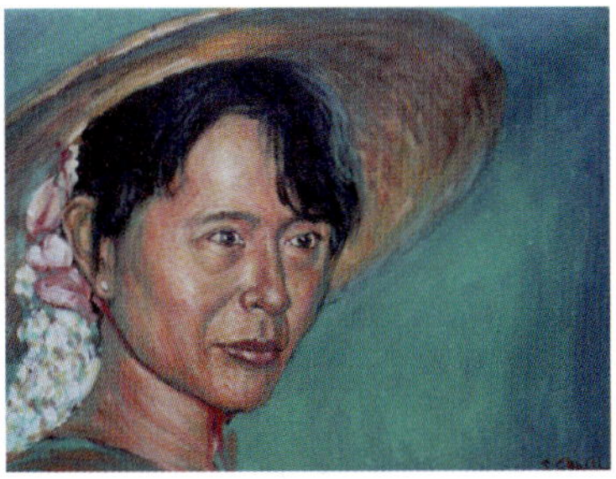

Ölgemälde von Chu Cil

Buchtipp: Aung San Suu Kyi, Der Weg zur Freiheit, Lübbe Verlag

schauen, uns zulächeln. Wir scherzten, oft ohne die Worte zu verstehen, wir lachten, sangen und sprachen noch bis spät in den Abend hinein. Wir saßen da, es gab nur uns, nichts störte, nichts lenkte ab, wir fühlten uns sicher, geborgen in der Gemeinschaft, wir schenkten Gefühle und bekamen Gefühle geschenkt, wir lebten Augenblicke von verbindendem Glück.

Es war der schönste Neujahrsabend seit langem. Und der erste, an dem ich Mitternacht weiträumig umschlief. Ich wachte gegen halb sechs Uhr morgens auf. Da ist es bei uns in Europa genau 12 Uhr mitternachts. Im Geiste umarmte ich alle.

Die tapferen Frauen

Die Mädchen begleiteten uns noch ein gutes Stück des Weges. Sie waren traurig, das sah ich an ihren Mienen. Ich war traurig, mein Herz blutete. Das klingt sehr dramatisch, aber es ist schwer, Gefühle von dieser Intensität in Worte zu kleiden. Ich spürte eine Leere in mir. Mein Kopf und meine Füße zogen in eine Richtung, aber mein Herz konnte sich nicht lösen. Immer wieder blickte ich zurück auf die Schule, blickte ich zurück auf die Mädchen, die uns im Gänsemarsch folgten.

Ich würde in wenigen Tagen wieder in meiner wohlbehüteten Welt sein, in einem weichen Bett schlafen, eine Dusche nehmen können und mir die neuesten Nachrichten aus aller Welt ansehen, die E-Mails lesen. Sie aber würden hier bleiben, jeden Tag mit den üblichen Fragen beginnen, ob das Essen für heute gesichert ist, ob alle gesund sind, ob auch heute ein Tag ohne Angst und Gewalt sein wird.

Lange haben wir uns noch zugewinkt. Tapfere kleine Mädchen, was werden sie noch durchmachen müssen in ihren Leben. Jeder Krieg ist schlimm, aber die Frauen sind meistens die am schlimmsten Betroffenen. Gerade in diesem Krieg, wo Vergewaltigung als Waffe eingesetzt wird. Wo immer

① Wasser holen

② Jeder muss anpacken

③ Zurück von der Feldarbeit

wieder eine einzelne Frau vom gesamten Feindestrupp vergewaltigt wird. Wo regelmäßig die Ehemänner getötet werden und sie dann alleine für die Familien sorgen müssen.

Auf den Frauen liegt eine große Last. Schon von Klein auf müssen sie hart mit anpacken. Und meistens sind es die Väter, die kein Verständnis für ihre Schulbildung aufbringen. Oft scheitern die massiven Überzeugungsversuche der Lehrer und Schulverantwortlichen kläglich, die Mädchen bleiben daheim. Da heißt es dann „Keine Schule? Du isst Reis. Schule? Du isst Reis." Die Frage ist nur, wessen Reis sie dann essen werden.

Und wenn es der Familie schlecht geht, sind die Mädchen oft auch die ersten, die nach Thailand oder China verkauft werden, wo sie dann „offiziell" als Hausmädchen in reichen Familien arbeiten. Auch bei den Entführungen stehen sie an erster Stelle. Aber sie sind stark die Frauen der Karen, der Shan und der anderen Minderheiten. Sehr stark.

Kein Wunder also, dass die ganzen Hoffnungen auf ein freies und demokratisches Burma auf den Schultern einer Frau lasten. Die ganze Welt kennt Aung San Suu Kyi, spätestens, seit sie den Friedensnobelpreis im Jahre 1991 erhielt. Jeder weiß, dass sie sich mit friedlichen Mitteln für die demokratische Umgestaltung Burmas einsetzt. Aber niemand weiß, dass dieser Kampf jetzt bereits seit 1988 anhält und dass Aung San Suu Kyi deshalb weit mehr als 10 Jahre unter Hausarrest verbracht hat. Seit Mai 2003 lebt sie sogar unter verschärftem Hausarrest. Sie ist komplett von der Außenwelt abgeschnitten, auch ihr Personal wurde abgezogen und ihr Arzt darf nur mehr einmal pro Woche zu ihr.

Da geht es ihr immer noch besser als vielen Mitgliedern ihrer Bewegung, der National League for Democracy - NLD. Nach den Wahlen im Jahr 1990, bei der Aung San Suu Kyi und ihre NLD siegreich mit über 80% der Stimmen hervorgingen und die im Anschluss daran nicht von den Generälen anerkannt wurden, sind viele der gewählten NLD Parlamentarier für lange Jahre in den Gefängnissen der SPDC verschwunden, wurden dort auch gefoltert und nicht wenige starben. Sogar im Jahr 2006 sind immer noch gewählte NLD Parlamentarier im Gefängnis und mit ihnen über 1.300 weitere politische Gefangene, darunter viele Studenten.

Aber dennoch geben weder Aung San Suu Kyi noch die NLD den friedlichen

National League for Democracy - NLD

- Als Folge auf die blutige Niederschlagung der friedlichen Stundentenproteste für Freiheit und Demokratie am 8. August 1988 wurde die National League for Democracy - NLD, am 27.09.1988 gegründet.

- Den Parteivorsitz hatte U Aung Shwe inne, U Tin Oo wurde Stellvertreter und die Galionsfigur des burmesischen Freiheitskampfes, Aung San Suu Kyi, wurde zur Generalsekretärin bestellt.

- Unterstützt von der internationalen Gemeinschaft gelingt es der NLD im Jahre 1990 demokratische Wahlen durchzusetzen, die sie mit 81% oder insgesamt 406 der 489 Sitze gewann.

- Unter dem Vorwand, es gäbe noch keine demokratische Verfassung, erkannten die Generäle die Wahlen nicht an.

- Viele Mitglieder der NLD wurden verhaftet, verschwanden für lange Jahre in Gefängnissen und nicht wenige starben dort an den Folgen von Folter, Mangelernährung und Krankheit oder flohen ins Ausland. Dort gründeten sie die burmesische Exilregierung (NCGUB – National Coalition Government of the Union of Burma), der Dr. Sein Win vorsteht.

- Ende 2001 erlaubte die SPDC, wie sich nachträglich herausstellte aus reinen Propagandazwecken, die Wiedereröffnung aller NLD Büros und auch die politische Wiederbetätigung.

- Am 31. Mai 2003 beendete das Regime diese demokratische Morgendämmerung durch einen brutalen Überfall auf Aung San Suu Kyi und ihre Reisebegleiter. 70 Menschen starben, Aung San Suu Kyi überlebte wie durch ein Wunder und lebt seitdem unter verschärftem Hausarrest.

- Seit 2004 ist die NLD ist wieder verboten.

Kampf für Freiheit und Demokratie auf. Unterstützt werden sie von der großen burmesischen Exilgemeinde, dem Parlament und der Regierung Burmas im Exil, aber leider nur zaghaft von den großen westlichen Mächten und der UNO. China lässt grüßen.

Und die Welt schaut zu

Einer meiner Freunde war Student, als 1988 die Studenten in Rangoon und anderen großen Städten Burmas friedlich auf die Strasse gingen und für Demokratie nach über 26 Jahren Diktatur demonstrierten. Er nahm an den Demonstrationen teil, sah hoffnungsvoll, wie die Bewegung anschwoll, lauschte andächtig den Worten von Aung San Suu Kyi und von den anderen Führern der Bewegung. Dieses Mal würden die Generäle nachgeben. Das Volk schien einig. Das Ausland machte Druck. Ja, dieses Mal würde es klappen.

Er demonstrierte mit seinen Freunden vor dem Fußballstadium. Ohne Warnung ließen die Generäle auf die Menge schießen. Auf allen Dächern ringsherum waren Scharfschützen mit Maschinengewehren postiert. Er sah Menschen vor seinen Augen zusammen brechen, Bäche von Blut rannen über den Platz. Irgendwie schafften es sein Freund und er zu einer Sperrmauer zu gelangen und darüber zu steigen. Er blickte zu seinem Freund hinauf, der gerade herunter springen wollte, als dieser am Rücken von einer Kugel getroffen wurde.

Der Einschuss schien klein und an unbedenklicher Stelle. Fast erleichtert fing er ihn auf. Erschrocken sah er dann aber auf den Bauch. Der ganze Bauchbereich war aufgerissen. Diese Feiglinge benutzten Dum Dum Geschosse, die sich nach dem Einschuss im Inneren des Körpers öffnen und die Organe zerfetzen. Hilflos hielt er seinen Freund in den Armen, musste zusehen, wie sein Leben entwich, erlosch. An diesen und den kommenden Tagen starben Tausende unschuldiger Studenten. Dreitausend, sechstausend, zehntausend? Die Schätzungen gehen auseinander. Und die Welt schaute

① SPDC und DKBA kämpfen gemeinsam

② Kindersoldaten der SPDC

③ Menschen werden zu Trägerdiensten gezwungen

zu. Ein Jahr später starben 100 Studenten am Tienamen Platz in Peking, und die Welt schrie auf.

Viele Studenten landeten in den Tagen und Jahren danach in den Gefängnissen, starben an den Folgen schwerer Folter, Krankheit, Mangelernährung, oder brachten sich nach jahrelangen Qualen oder während der verschärften Einzelhaft selbst um. Auch mein Freund landete im Gefängnis, wurde mit verbundenen Augen geschlagen und gefesselt an einem Stuhl bestialisch gefoltert. Mit Stöcken, Gewehrkolben, Fäusten und Stiefeln bis zur Besinnungslosigkeit misshandelt. Mit einem Kübel Wasser wieder zurück geholt und wieder geschlagen, mit Zigaretten gebrannt. Wochenlang ging es so, ohne Verschnaufpause. Dann wurde er wieder tagelang des Schlafes beraubt oder solange mit dem Kopf in mit Fäkalien verunreinigtes Wasser gesteckt, bis er glaubte zu ersticken. Andere Gefangene wurden gefesselt und bis zum Hals in einem Brunnen voller Würmer und Ungeziefer versenkt, andere tagelang in offene Massengräber zu verwesenden Leichen gesteckt.

Jeder, der dieses Inferno überlebt hat, leidet heute noch an den Folgen. Körperlich und psychisch. Mein Freund wacht regelmäßig schweißgebadet auf, meint Schritte der herannahenden Soldaten zu vernehmen, hat Albträume und unbegründete, panische Ängste. Und er hört immer noch das unerbittliche Rattern der Maschinengewehre. Sie machten keine Pause. Sie schossen und schossen und hörten nie auf. Sie hörten nie auf und die Studenten rannten, fielen, starben. Sie schossen so unendlich lange, so unerbittlich lange. Bitte, hört auf. Bitte! Und seine Augen starren ins Leere.

Auf und Ab

Viele Stunden Marsch liegen vor uns. Unsere Begleiter von der KNLA schnitzen mir aus Bambus einen Wanderstock. Ihre Macheten sind so scharf, da genügt eine leichte Bewegung aus dem Handgelenk und der Ast ist ab. Für mich ist der Stock eine Erleichterung. Meine Freunde sehen das wohl als

Die politischen Gefangenen

- Seit der Niederschlagung der friedlichen Demonstrationen für Freiheit und Demokratie am 8.8.88 sind Zehntausende Menschen oft willkürlich verhaftet worden.

- Ende 2005 gibt es in Burma mindestens 1.300 politische Gefangene. Das engmaschige Spitzelsystem sorgt für regelmäßigen Nachschub.

- Die Verhafteten werden wochenlangen Verhören unterzogen, dabei brutal geschlagen und unmenschlicher Folter ausgesetzt.

- In Schauprozessen mit feststehendem Ausgang werden sie zu langen Jahren Gefängnis verurteilt, oft zu jahrelanger Einzelhaft. Häufig werden die Unschuldigen nach Ablauf der Strafe einfach vergessen oder zu weiteren Jahren verurteilt.

- Min Ko Naing, einer der Studentenführer, überlebte 16 Jahre verschärfte Einzelhaft. Jede Form der Interaktion war ihm und seinen Wachen strengstens untersagt.

- In Burma gibt es 39 Gefängnisse und 70 Arbeitslager, viele in entlegenen Gebieten, die von den Familien der Häftlinge kaum oder nur sehr schwer zu erreichen sind.

- Das Insein Gefängnis in Rangoon ist für die grausame Behandlung der Insassen berüchtigt.

- In den Gefängnissen dürfen die Insassen weder lesen, noch schreiben, sie sind mangelernährt und krank. Viele sterben während der Haft oder nehmen sich das Leben.

- Aus Propagandagründen hat die SPDC mehrmals Gefangene vorzeitig entlassen: meistens Kriminelle, die den Medien als politische Gefangene „verkauft" wurden. Tatsächlich wurden immer nur wenige, meist alte und kranke politische Gefangene vorzeitig freigelassen.

- Nach ihrer Entlassung wird ihre gesellschaftliche Wiedereingliederung durch die SPDC nahezu verunmöglicht, viele fliehen daher ins Ausland. Die meisten leiden lebenslang an den Folgen von Folter, Demütigung, nicht auskurierten Verletzungen und Krankheiten.

- Das Internationale Rote Kreuz hat die Betreuung der Gefangenen aufgrund der neuesten Behinderungen durch die SPDC eingestellt und Mitarbeiter entlassen.

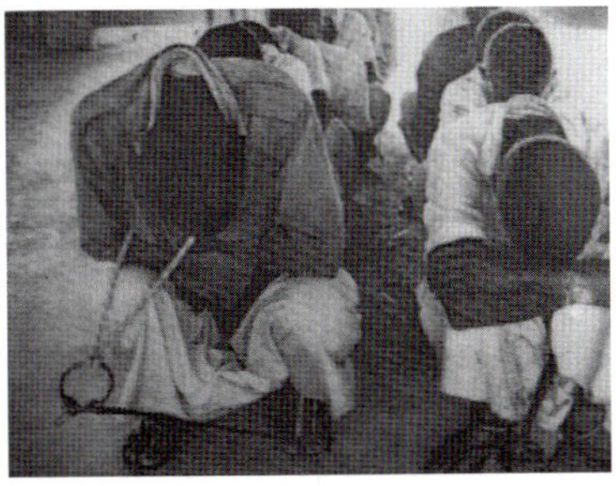

Mit freundlicher Genehmigung von AAPPB

Buchtipp: Moe Aye, Zehn Jahre weiter, Leben und Ansichten eines burmesischen Studenten während seiner Gefangenschaft. Selbstverlag. Erhältlich bei Helfen ohne Grenzen.

Schwäche. Aber nachdem ich ihnen die Beweggründe erzählt habe, lassen sie sich vor der nächsten Steigung auch einen Stock schnitzen. Aber vor der nächsten Siedlung lassen sie ihn dann diskret zurück und laufen freihändig ins Dorf.

Wir gehen und gehen. Hier einen Hügel hinauf, dann wieder hinab, dazwischen durch unbestellte Reisfelder, durch den Halbwald. Echter Dschungel stellt sich uns nur selten in den Weg, dafür ist dann aber das Erleben intensiver. Oft würde ich gerne aus lauter Freude einen Tarzanruf erschallen lassen. Ich bin heiter und froh, die Bewegung tut mir gut und ich bin wieder vollkommen fit.

Die Pfade sind oft sehr steil und durch die Feuchtigkeit im Dschungel rutschig. Umso mehr bewundere ich unsere Freunde und Begleiter, die wie alle Menschen in Burma billige Badesandalen aus Plastik als Schuhwerk tragen, ohne Halt und ohne Grip an den Sohlen. Dennoch laufen sie mit einer schlafwandlerischen Sicherheit die Berge rauf und runter, tragen dabei auch Lasten von 50 und mehr Kilos. Ich habe niemanden auch nur ansatzweise ausrutschen sehen, was ich von mir nicht behaupten kann.

Menschen sehen wir wenige auf unserem Weg, auch keine Tiere. Ab und zu Spuren und den Dung der Arbeitselefanten. Einmal roch ich regelrecht ihre Nähe, aber zu Gesicht bekam ich keinen. Die Menschen verstecken ihre Elefanten. Die sind hier nicht nur eine wertvolle Arbeitshilfe, sondern auch ein Vermögen wert. Den Wert eines Autos würde so ein Tier kosten. Auch meine Freunde wollten oder konnten uns zu keinem Elefanten führen. Sie waren überhaupt bedacht, auf unseren Wanderungen so wenig wie möglich aufzufallen und führten uns daher gerne an Dörfern vorbei.

Nur wenn wir die Siedlungen von der Ferne sahen und darauf bestanden, hinein zu gehen, dann begleiteten sie uns hin. Ich verstehe, dass sie um unsere Sicherheit besorgt waren, aber wir wollten gerne die Menschen und ihre Lebensweise kennen lernen. Und je weiter wir ins Landesinnere vordrangen, weg von der Grenze, desto unheimlicher wurden wir für die Menschen in den Dörfern. Sie versteckten sich vor uns und bekamen regelrechte Panikattacken, wenn ich meine Kamera mit dem „schwarzen Rohr“ zückte.

Aber nach dem Überwinden der ersten Momente des Erschreckens, und spätestens nachdem ich ein Kind mit einem modellierten Ballon beglückt hatte, entspannte sich die Situation und ich genoss die Warmherzigkeit

❶

③

① Kinderarbeit in burmesischer Cherut-Fabrik

② Kinder beim Stassenbau in Burma

③ Seltenes Foto einer häufigen Praxis: Zwangsarbeit

und die Gastfreundschaft dieser Menschen. Je weiter wir vordrangen, desto ärmlicher wurden die Behausungen, desto schmutziger und zerfetzter ihre Kleider, desto kranker und schlechter ernährt waren die Menschen.

Noch war ich fern von den Verstecken der Internally Displaced People. Um diese zu erreichen, müsste ich mindestens 2 Wochen anhängen. Es wäre wohl schwer zu ertragen, zu sehen, unter welchen erbärmlichen Umständen diese Menschen leben. Sie sind auf der Flucht, haben meistens nur das mit, was sie am Leib tragen, leben im tiefen Dschungel unter Dächern aus Laub, ernähren sich von Wurzeln und Tieren und sterben an Mangelernährung, Krankheiten, Verletzungen. So leben sie oft Jahr um Jahr, Regenzeit um Regenzeit, bis sie sich neu organisiert haben oder wieder aufgespürt und wieder vertrieben werden. Ich habe Fotos und Videos von den IDP's gesehen, viele Geschichten gehört, jetzt kann ich mir zum ersten Mal ansatzweise vorstellen, wie unsäglich diese Menschen leiden müssen. Und die Welt sieht immer noch weg.

Ein Fluss, kein Strom

Am Ziel des heutigen Abschnittes nahm ich erstmals ein erfrischendes Bad im nahen Fluss. Wahrlich erfrischend. Und wieder fast kitschig. Am anderen Ufer steigt der Dschungel sanft den Berghang hoch, Lianen hängen ins Wasser. Weiter vorne fischen einige Männer mit ihren aus Bast geflochtenen Netzen. Hinter mir die Reisterrassen und die Hütten des Dorfes. Kinder spielen Fußball, ihr fröhliches Geschrei hallt bis hierher. Ein Bub reitet auf einem Wasserbüffel und geleitet so die kleine Büffelherde zur Weide. Langsam geht die Sonne unter und die Idylle färbt sich in ein sanftes Rot.

Die Lehrer, die hier an unserem Trainingszentrum, das wir für die KED (Karen Education Department – das Unterrichtsministerium im Exil der Karen) finanziert haben, von fern her zusammengekommen sind, um den zehntägigen Kurs über „Schulmanagement“ zu besuchen, nehmen mich in

Unterdrückung der Minderheiten

- Burma ist ein Vielvölkerstaat. Neben dem Volk der Burmesen oder Birmanen leben 7 Minderheitenvölker in Burma, die sich wiederum aus bis zu 136 Volksgruppen zusammensetzen.

- Die Birmanen bewohnen die Ebenen Zentralburmas. Sie stellen ca. 65% der Einwohner.

- Die 7 Völker bewohnen hauptsächlich die gebirgigen Randgebiete des Landes; ihr Siedlungsgebiet umfasst ca. 65% der Gesamtfläche Burmas.

- Der Konflikt zwischen dem herrschenden Volk der Burmesen und den verschiedenen Minderheitenvölker ist so alt wie das Land selbst.

- Mit der Ausrede, nur eine starke Zentralregierung könne das Land befrieden, unterdrückt die SPDC die Minderheiten mit äußerster Härte und Brutalität, die in verschiedenen Quellen als Völkermord oder ethnische Säuberung bezeichnet wird.

- Durch die Strategie der „vier Schnitte“ versucht die SPDC, die Völker und Minderheiten Burmas ihrer Sprache, Kultur und Identität zu berauben und zu assimilieren.

- In gezielter Propaganda werden die Minderheiten dämonisiert und als Kindermörder, Menschenfresser und gnadenlos grausam hingestellt.

- Die Minderheiten haben eigene Volksarmeen, von der SPDC als Rebellen betitelt, zur Verteidigung des eigenen Siedlungsgebietes und vor allem der eigenen Leute gegründet.

- Unter dem Namen National Democratic Front (NDF) haben sich 9 Freiheits-Armeen der ethnischen Minderheiten zusammengetan: Arakan Liberation Party (ALP), Chin National Front (CNF), Kachin Independence Organization (KIA), Karen National Union (KNU), Karenni National Progressive Party (KNPP), Kayan New Land Party (KNLP), Lahu National Organization (LNO), New Mon State Party (NMSP), Wa National Organization (WNO).

- Mit einigen Minderheiten hat die SPDC Waffenstillstand vereinbart, der aber regelmäßig einseitig durch die Generäle gebrochen wird.

- Der Mord an den Völkern Burmas findet im Verborgenen, in den kaum zugänglichen Randgebieten des Landes statt. Dadurch ist das wahre Ausmaß der Tragödie nur schwer beweisbar.

- Erst in den letzten Jahren haben nach und nach die UNO, USA und EU detaillierte und dokumentierte Berichte zur wahren Lage veröffentlicht.

Beschlag und löchern mich mit ihren Fragen. Am nächsten Tag werde ich ihnen den ganzen Vormittag lang Rede und Antwort stehen. Darauf freuen sie sich schon. Ich etwas weniger, weil ich nicht vorbereitet bin und außerdem nicht weiß, was sich die Lehrer von mir erwarten.

In der Früh offenbarten mir meine Freunde, dass ich zuerst eine Ansprache halten sollte. Also sprach ich wieder über Südtirol und unsere Autonomie als Vorbild für die Karen, sprach ich über Helfen ohne Grenzen und was wir tun und tun wollen, sprach ich über die Notwendigkeit ein Schulsystem in ihrer Muttersprache im Karen-Staat aufzubauen, um später nicht wieder Opfer zu werden.

Und ihre Fragen waren dann auch eine Mischung aus politischen, menschenrechtlichen und sozialen Inhalten. Einige der Lehrer waren gut vorbereitet. Ich erfuhr erst später, dass sie früher Universitätsdozenten oder Beamte waren und jetzt versteckt in ihrem eigenen Land leben müssen. Viele hatten mehr als drei Tage Fußmarsch hinter sich, um hierher zu gelangen. Und alle freuten sich auf die anstehende Verteilung der zirka 50.000 Schulbücher, die wir mit Hilfe der Region Südtirol Trentino drucken ließen. Und hier wurde auch die Idee geboren, ein kleines Wasserkraftwerk zu bauen, 15 Laptop-Computer anzukaufen und damit hier, inmitten von Nirgendwo, ein Trainingszentrum für Computer zu errichten.

Vom elektrischen Strom würde auch das kleine Dorf profitieren, könnten hier dann doch Batterien aufgeladen und kleine Geräte betrieben werden. Vollends überzeugt von dieser Idee war ich, als ich die kleine Krankenstation besuchte, eine Ansammlung von einigen erbärmlichen Hütten. Sie haben wie alle hier keinen Strom, viel zu wenig Medikamente, kaum Lebensmittel und sogar die Malariamedikamente sind beim Ausgehen, da - entgegen allen Erfahrungen – doch eine Malariaepidemie ausgebrochen war.

Normalerweise gibt es in den kalten, trockenen Monaten November, Dezember und Jänner keine Malaria. Heuer hat es hier an diesem Ort bereits fünfzig Menschen getroffen, darunter viele Kinder. Und tatsächlich liegen 8 Kinder in der Krankenhütte. Sie liegen am Boden und hängen an einem Tropf. Die Eltern und Geschwister sind dabei. Einige haben trotz der tiefen Temperaturen am Morgen keine Decke. Was dies bedeutet, konnte ich 2 Wochen später am eigenen Leib erfahren, als ich selbst an der schweren Form der Malaria Tropica erkrankte und sogar unter 2 dicken Daunendecken in

① Karen in ihrer Tracht

② Notunterkunft am Grenzfluss

③ Sie mögen sich

einem beheizten, westlichen Spitalzimmer und auch sonst bestens versorgt zu kalt hatte, erbärmlich fror.

Für die Patienten gab es nicht genügend zum Essen. Meine Freunde reagierten schnell und kauften irgendwo etwas Reis und Gemüse. Als ich das erfuhr, gab ich dem Leiter der Klinik noch etwas Geld. Knappe 100 Euro sollen reichen, um die Patienten am kleinen Spital einen Monat lang mit Lebensmitteln zu versorgen. Zum Dank lud uns der Klinikleiter zum Essen ein und es gab üppig Nudeln mit Hühnercurry. Mir fiel jeder Bissen schwer.

Hätte die Klinik etwas Strom, könnten sie einen Kühlschrank anschließen und in Folge bessere Medikamente und auch Blutkonserven einlagern, mit denen schweren Malariapatienten das Leben gerettet werden kann. Mit Hilfe des kleinen E-Werkes könnte das verwirklicht werden. So macht Strom noch mehr Sinn und ich verspreche, mich hartnäckig dafür einzusetzen und daheim um Spenden zu betteln.

Wir tun's einfach

In diesen Tagen habe ich mehrfach mit Lehrern und Vertretern der Elternkomitees an unserer und anderen Schulen gesprochen. Von den Lehrern und Eltern unserer Schule waren die Rückmeldungen sehr positiv, alle waren glücklich. Wünsche wurden kaum geäußert, sie hatten Angst, mich dadurch zu kränken. Für die Burmesen und speziell für die Karen ist es sehr wichtig, andere Menschen nicht zu verletzen, ihnen kein „Anadee" zu bereiten.

Nur als es um die Verbesserung der Ausbildung ging, wagten sie sich vor. Einige fußbetriebene Nähmaschinen wären toll, ein paar Bücher mehr und dies und das. Klar, dass wir das bezahlen. Freude und strahlende Gesichter.

Die Karen

- Das Volk der Karen wanderte wahrscheinlich im Jahr 2000 v. Chr. aus der Mongolei aus und erreichte über Tibet im Jahr 1128 vor Christus ihr Siedlungsgebiet im Osten Burmas (ihr „gelobtes Land").

- Die Legende der Karen enthält sehr viele Parallelen zur biblischen Geschichte des auserwählten Volkes Israel.

- Eine Prophezeiung sah das Eintreffen eines weißen Mannes mit dem Goldenen Buch vor. Im Jahre 1813 traf ein Baptisten Missionar ein und brachte die Bibel mit.

- Die Karen sind ein Bergvolk mit alter Kultur und eigenen Sprachen. Die Hauptstämme sind die Pwo Karen (Buddhisten, Animisten) und die Sgaw Karen (Christen).

- Die Stärke der Karen wird auf ca. 4,5 Millionen geschätzt. Die Siedlungsgebiete sind der Karen Staat - Kawthoolei (Sgaw Karen) und das Irrawaddy Delta (Pwo Karen) südwestlich von Rangoon.

- Die Geschichte der Karen ist seit jeher unruhig verlaufen. Im zweiten Weltkrieg halfen die im Guerillakampf erfahrenen Dschungelkämpfer den Briten, die Japaner in Burma zu besiegen. Als „Lohn" wurde ihnen Autonomie in einem demokratischen Burma versprochen.

- Die Briten machten nach erfolgreichem Kampf die Versprechungen nie wahr und sahen zu, wie die mit den Japanern verbündete Burmese Independence Army Rache übte und u.a. Tausende Karen exekutierte.

- Nachdem es auch mit dem demokratischen Burma keine Einigung über den autonomen Status der Karen gab, begannen im Jänner 1949 die ersten Aufstände gegen die burmesische Zentralregierung. Der längste Bürgerkrieg der Geschichte hatte begonnen.

- Die Karen National Liberation Army - KNLA unter General Bo Mya verteidigt seit damals Land und Leute.

- Im Jahr 1990 änderte die SPDC die Strategie und bekämpft die Karen seit damals mit noch größerer Härte.

- Im Jahr 1995 verbündete sich die SPDC mit der Splittergruppe DKBA – Democratic Karen Buddhist Army und zerstörte Manerplaw, die symbolträchtige Kommandozentrale der KNU Karen National Union.

- Bis zu einer Million Karen leben auf der Flucht. Der Großteil in Thailand, davon ungefähr 157.000 in Flüchtlingslagern und etwa 135.000 verstecken sich in den Dschungeln vor den Angriffen der Staatsarmee.

Auch die Gehaltserhöhung ging durch, obwohl sie erst gar nicht danach fragten. Aber sie erzählten von den gestiegenen Preisen für Reis, jetzt, nach der verdorbenen Ernte, und für Decken und für Cheruts und für was sonst an Wenigem sie noch kaufen. Ich verstand und versprach, das Gehalt von knapp 10 Euro pro Monat auf mindestens 15 Euro zu erhöhen. Sie sind überglücklich.

Weniger rosig sieht es an anderen Schulen aus. Das Geld ist knapp. Eine der Schulen wurde kläglich von einer christlichen Glaubensgemeinschaft im Stich gelassen. Diese Gruppe, die sich das Kreuz an die Fahne geheftet hat, treibt seit vielen Jahren hier und in anderen Gegenden dieser Erde ihr Spiel mit den Menschen in Not. Sie tauschen gerettete Seelen gegen Geld und Hilfe. Wer brav ist und sich bekehrt und andere bekehrt und viele Seelen an die Gemeinschaft überführt und nicht aufmuckt und nicht undankbar ist und keine allzu große Toleranz anderen gegenüber lebt, der wird unterstützt.

Ist dem nicht so, folgt die Strafe und die Repressalie stante pede. Das zugesagte Geld wird solange nicht ausgehändigt, bis nicht die Schule oder die Lehrer oder die Empfänger Buße getan haben und wieder auf den richtigen Kurs eingeschwenkt sind. Für die Menschen hier ist das eine tiefgehende Demütigung. Die Hauptlehrerin (es sind die Frauen!) begann vor Enttäuschung sogar zu weinen, als sie von der wenig christlichen Vorgangsweise dieser Heilskirche erzählte.

Ich habe bereits viel und oft von den Machenschaften dieser Gruppe gehört. Sie ist leider nicht die Einzige, die aus der Hilfe ein Gegengeschäft mit geretteten Seelen macht. Es sind vor allem immer wieder christliche Sekten aus den Vereinigten Staaten, die da ohne Rücksicht auf Verluste missionieren, die jeden Andersgläubigen als Brut des Teufels betrachten und den Kampf gegen alles Böse wie einen Krieg führen, bei dem alle Mittel recht sind. Mir fehlen die Worte, aber eigentlich will ich auch keine finden. Zu niederträchtig ist dieses Geschäft und zu unwürdig für jedwede Beachtung die Personen, die dahinter stehen.

Nachdem wir viele Spenden erhalten haben, wir gemeinsam mit KED das Schulsystem innerhalb des Karen Staates voranbringen wollen und wir sowieso ein großzügiges Budget für diesen Zweck bereitgestellt haben, machte ich den Vorschlag, ab jetzt doch mit uns und der KED zusammen zu arbeiten

① Unsere Hütte im Sonnenaufgang

② Angst vor der Kamera und dem weißen Mann

③ Fröhliches Kinderlachen. Wie lange noch?

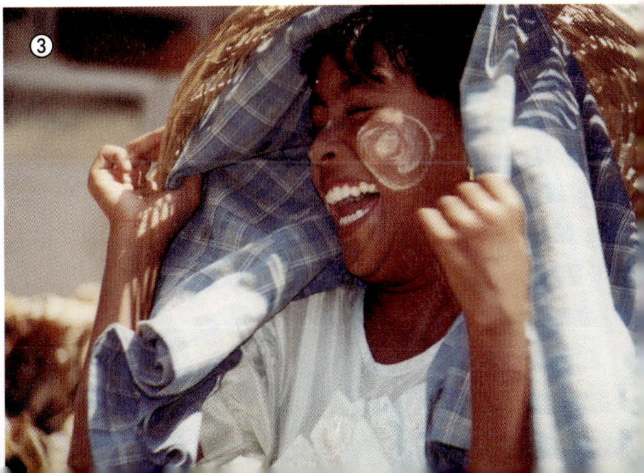

und die andere Gruppe ihrer Last zu entbinden. Lange Rede kurzer Sinn, der Vorschlag wurde mit Begeisterung angenommen.

Wissen schützt nicht vor Propaganda

„Irgendwann wird Burma frei sein, irgendwann werden wir wieder frei sein, in Kawthoolei unserem Karen-Staat leben, ohne Ängste, ohne Sorgen, ohne jederzeit bereit sein zu müssen, aufzubrechen, zu fliehen, wieder von vorne anzufangen."

Egal mit wem ich spreche, egal ob hier im Dschungel oder in Thailand, die Menschen haben nur diesen einen Wunsch, endlich Frieden haben, endlich friedlich in der eigenen Heimat leben.

Kein Karen, kein Shan, kein Karenni, keiner der anderen Minderheiten möchte etwas anderes, als heimkehren oder daheim unbehelligt leben können. Aber es ist ihnen nicht gestattet. Jedes Jahr schöpfen sie neue Hoffnung. Jedes Jahr heißt es von irgendeiner Seite, jetzt bewegt sich etwas. Jedes Jahr werden die Hoffnungen aufs Neue enttäuscht.

Inzwischen lebt bereits die 3. Generation vieler Minderheiten auf der Flucht. Zehntausende Kinder werden im Exil geboren, erhalten keine Geburtsurkunde, kein Zertifikat, das ihre Existenz bezeugt, sind staatenlos, Freiwild. Zehntausende Kinder wachsen ohne Schulbildung auf, sind Analphabeten und williger und billiger Nachwuchs für mindere und schlecht bezahlte Arbeit. Zehntausende Kinder sterben an leicht behandelbaren Krankheiten, jedes 5. Kind stirbt innerhalb seines ersten Lebensjahres. Zehntausende Kinder sind verschwunden, werden in Bordellen von Pädophilen missbraucht oder sterben als lebende Lieferanten von Organen für Transplantationen.

Und was mit den Kindern passiert, passiert genauso mit Jugendlichen, Män-

Die Shan

- Die ersten Shan kamen wahrscheinlich im 1. Jh. V. Chr. aus Zentralchina in ihr heutiges Siedlungsgebiet, den Shan Staat in Burma.

- Die Shan gehören zur ethnischen Gruppe der „Tai", die in Thailand, Laos, Südchina, Vietnam und in Assam (Indien) leben. Sie selbst nennen sich auch „Tai".

- Im Shan Staat entwickelten sich viele kleine Fürstentümer (Mong), die bis zum Jahr 1958 Bestand hatten.

- 1922 schlossen sich 33 Mongs zu den „konföderierten Shan Staaten" zusammen und installierten eine zentrale Verwaltung in Taungyi.

- Die Shan stimmten 1947 einer Union mit Burma zu. Im Gegenzug sicherte ihnen im Jahre 1948 die demokratische Regierung das Recht zu, innerhalb von 10 Jahren über eine etwaige Abspaltung von Burma zu entscheiden.

- Im Osten des Shan Staates liegt das Goldene Dreieck, das für die Opium Produktion bekannt ist. Der Anbau, die Produktion und der Schmuggel von Rauschgift, inklusive dem schweren Amphetamin Ya-Ba, wird vom Volk der Wa mit Duldung des Militärregimes kontrolliert.

- Seit 1962 hat die Militärregierung mit Gewalt die Hoheit über den Shan Staat an sich gerissen. Schwerste Menschenrechtsverletzungen und unvorstellbare Gräueltaten werden seit damals an den Shan verübt.

- 80 Prozent der Shan leiden heute unter Mangelernährung und Armut, ganze Landstriche des Shan Staats wurden entvölkert und verwüstet.

- Die Shan verteidigen sich mit ihren zwei verbündeten Armeen, Shan State Army South (SSA-S) und Shan State Army North (SSA-N) gegen das burmesische Militär.

- Splittergruppen wie die Shan State Nationalities People's Liberation Organisation (SSNPLO) unterstützen die Generäle im Kampf gegen die eigenen Landsleute und erhalten dafür wirtschaftliche Privilegien.

- Über 300.000 Shan sind ins benachbarte Thailand geflohen, über 200.000 verstecken sich in schwer zugänglichen Gebieten innerhalb Burmas. Daten über Shan-Flüchtlinge im benachbarten China sind keine erhältlich.

nern, Frauen, Alten. Es sind dann andere Formen von Gewalt, denen sie ausgesetzt sind, Formen, die ob ihrer Grausamkeit und krankhaften Auswüchse schwer vorstellbar sind. Aber dieser Wahnsinn ist gelebte Wirklichkeit für diese Menschen.

Es tut weh, wenn ich dann von Burma-Reisenden mit dem Vorwurf konfrontiert werde, es sei doch alles gar nicht so, den Menschen in Burma würde es doch gut gehen, sie lächeln doch immer, sind glücklich, freundlich, schimpfen nicht, es gebe Schulen, Universitäten, moderne Hotels.

Ja, es gibt moderne Hotels. Die gehören den Generälen und ihren Handlangern. Die wurden mit Drogengeld und zum Teil mit Zwangsarbeit erbaut. Fast alle touristischen Infrastrukturen wie Straßen, Bahnlinien und Bahnhöfe wurden durch Zwangsarbeiter erbaut. Aber nicht etwa durch Gefangene, sondern durch Zivilisten, die einfach mitgenommen werden. Und wo Hotels, Straßen und Bahnlinien oder andere Infrastrukturen, wie z.B. jetzt der Salween Damm, hinkommen, müssen die Menschen weichen, wegziehen, ohne Entschädigung, ohne Zuweisung von neuem Grund und Boden.

Ja, die Leute lächeln, das liegt in ihrem Naturell. Das tun auch die Menschen auf der Flucht, die unsäglich Schlimmes durchgemacht haben. Die Menschen auf der Flucht aber schimpfen, erzählen die wahre Geschichte Burmas, die eben Touristen nicht zu hören bekommen. Burma hat mit Hilfe der DDR ein lückenloses Spitzelsystem aufgebaut. Jeder ist ein potentieller Spion. Und wer jemals auch nur ein kritisches Wort äußert, verschwindet für lange Zeit im Gefängnis, wird gefoltert, seine Familie wird in Sippenhaft genommen.

So kommt es, dass kaum jemand in Burma mit seinen Nachbarn spricht. Ein kurzer Gruß und jeder geht seiner Wege, kümmert sich um seine Angelegenheiten. Denn auch wer heute kein Spitzel ist, morgen kann er zum Verrat gezwungen sein. Und dann kann jede zuviel gegebene Information zu Gewalt, Gefängnis, Willkür führen. Und die Spitzel erkennt der Tourist nicht. Auch nicht die vielen Mitarbeiter des burmesischen Geheimdienstes, die jeden Touristen lückenlos Schritt und Tritt verfolgen. Sie sind vielleicht etwas besser und sauberer gekleidet, als die Geknechteten, aber sonst äußerlich nicht auszumachen.

Deshalb erlebt auch jeder Tourist ein nahezu militärfreies Burma, weil die Unterdrückung, die Unterordnung, die Angst auch auf diese etwas „subti-

① Der Stamm ist eingeölt

② Junger Mönch beim Almosengang

③ Rast in gastlicher Hütte

lere“ Art aufrechterhalten werden kann. Deshalb sieht auch kein Tourist Mitglieder der über 400.000 Mann starken burmesischen Armee. Oder noch schlimmer, der Reisende sieht keine der rund 70.000 Kindersoldaten, das größte Kindersoldaten-Heer der Welt bleibt dem Touristenauge verborgen.

Bereits Elfjährige, Zwölfjährige werden einfach gegen ihren Willen mitgenommen, auf dem Nachhauseweg von der Schule auf einen Militärwagen gehoben und entführt. Und sie verschwinden in einem Trainingscamp, werden gedrillt und mit Schlägen gefügig gemacht, sehen ihre Eltern nicht und ihre Eltern wissen nichts über ihren Verbleib. Sie lernen mit Waffen umzugehen, werden an die Front geschickt, müssen bei Überfällen und Brandschatzungen, bei Vergewaltigungen und Foltern mitmachen, werden gezwungen, andere Menschen zu töten. Und sie erhalten Amphetamine, um ihre Gewaltbereitschaft zu steigern. Wenigen gelingt die Flucht. Die Karen nehmen die flüchtigen Kindersoldaten liebevoll auf. Einige besuchen unsere Schulen.

Wer als Tourist durch Burma fährt, bekommt von diesem, vom wahren Gesicht Burmas nichts mit. Der Reisende darf nur dort hin, wo die Militärs alles unter Kontrolle haben, niemals in die Randgebiete des Landes, in die so genannten „Free Fire Zones“, wo jeder Soldat schießen und erschießen, foltern und vergewaltigen, plündern und brandschatzen darf, ohne Angst vor Verfolgung sondern mit Aussicht auf Beförderung und Orden. Er sieht nur, was er sehen darf und hört nur, was er hören darf. Besonders die Gruppenreisen sind eine einzige, durchgehende Propagandaberieselung. Wie in den guten, alten Sowjet-Zeiten. Sogar die Handwerksbetriebe, in welche die Touristen zwecks Souvenirkauf hingekarrt werden, sind nur Schauwerkstätten. Die wahre Souvenir-Produktion erfolgt in kleinen Fabriken unter sklavenartigen Bedingungen.

Es erstaunt immer wieder, wie leicht auch gebildete und informierte Menschen auf diese Propaganda herein fallen. Sind wir wirklich so unkritisch geworden? Wäre jemand von uns je auf die Idee gekommen, als Tourist in den Irak des Saddam Hussein zu reisen, oder ins Afghanistan der Taliban? Nein! Aber nach Burma, da reisen die Touristen hin, skrupellos. Obwohl die Menschenrechtssituation genauso schlimm, wenn nicht sogar schlimmer ist, als sie in den beiden vorgenannten Ländern gewesen war.

Ich bewundere die Geduld dieser unterdrückten Menschen. Sie harren der Dinge, arrangieren sich mit den Umständen, verteidigen sich, aber sie greifen

Die Strategie der 4 Schnitte (4 cuts)

- Die Militärregierung bekämpft die Minderheiten im eigenen Land auf besonders grausame Art.

- Die Kriegsstrategie gegen die Völker Burmas bezeichnet die SPDC mit „4 Cuts“, die Strategie der vier Schnitte. Dadurch soll nicht nur die vollkommene Assimilierung erreicht, sondern auch die Jahrtausende alte Kultur ausgelöscht, die Menschen entfremdet und die Identität von Minderheiten zerstört werden:

1. Abschneiden von Nahrungsquellen.

Bei den Brandschatzungen werden Lebensmittelvorräte geplündert, Tiere mitgenommen, Felder niedergebrannt und vermint.

2. Abschneiden von Geld und Wohlstand.

Die Erwirtschaftung von Einkommen wird erschwert. Zwangsarbeit und monatelange Zwangsträgerschaft schwächen die Familien.

3. Abschneiden von Bildung.

Dumme Menschen sind leichter zu unterjochen. Schulen werden niedergebrannt, Lehrer verhaftet.

4. Abschneiden von der Möglichkeit, sich zu organisieren.

Konkurrierende Gruppierungen werden mit materiellen und machtpolitischen Vergünstigungen geködert und agieren dann gegen die eigene Volksgruppe.

- Zu den eingesetzten Kriegsmitteln und Waffen zählen: Brandschatzungen, Raub, Landminen, Folter, willkürliche Tötungen, Entführungen, systematische Vergewaltigungen (auch von Kindern), Zwangsträgerschaft, Zwangsarbeit, entschädigungslose Zwangsumsiedlung.

- Zwischen 2002 und 2004 wurden mehr als 2.000 Dörfer zerstört und über 160.000 Menschen vertrieben.

- In den Monaten Februar bis Mai 2006 wurden wieder über 16.000 Karen zur Flucht gezwungen. Es gab viele Exekutionen, darunter auch von Alten und Kindern.

nicht an. Erst in letzter Zeit hat es Zeichen gegeben, dass die Geduld der Unterdrückten Burmas am Rande der Strapazierfähigkeit angelangt ist. Es hat die ersten Bomben auf touristische Infrastrukturen gegeben, Hotels, Geschäfte, Märkte. Über 20 Thailänder und eine offiziell nie bekannt gemachte Zahl an Burmesen sind dabei gestorben. Irgendwann wird es auch westliche Touristen treffen. Darum würde ich heute niemandem raten, als Gruppenreisender in das touristische Burma/Myanmar zu reisen und noch weniger, in einem der Luxushotels zu übernachten. Es gibt genug kleine Pensionen oder Guesthouses für Einzelreisende, die von Einheimischen geführt werden und wo nicht alles Geld eins zu eins auf den Konten der Militärs landet und den Generälen und deren „Sympathisanten", und nur denen, zugute kommt. Und die kaufen damit bessere Waffen, um die eigenen Landsleute noch effizienter bekämpfen zu können.

Kein Ventil für diese Menschen

Die Tage bei den Menschen hier im Dschungel sind eine Achterbahnfahrt der Gefühle. So ergeht es mir zwar regelmäßig auch in Mae Sot und auf der thailändischen Seite, wenn ich mit dem Elend und der Ausweglosigkeit der Menschen konfrontiert bin. Aber hier ist alles noch gesteigert, intensiver, brennender. Und was mich am meisten bewegt ist diese Heiterkeit der Menschen, diese Warmherzigkeit, Freundlichkeit, Gastfreundschaft. Ich komme damit nur schwer klar. Ich versuche mich hineinzufühlen, hineinzudenken in die Menschen, zu verstehen, wie sie trotz all dem Leid noch so positiv, noch so herzlich sein können.

Ich an ihrer Stelle wäre wahrscheinlich depressiv und aggressiv. Natürlich gibt es unter den Flüchtlingen in Thailand welche, die mit der Situation nicht mehr zurechtkommen und dem Alkohol und dem in Burma produzierten Metaamphetamin „Ya-Ba" verfallen sind. Vor allem in den Flüchtlingslagern ist dieses Problem verbreitet, aber das ist zum Teil nachvollziehbar. Die

① Die Kinder verlieren die Scheu als Erste

② Eine Langohr-Frau

③ Padaung Mädchen: die Giraffen-Frauen

Menschen haben Schlimmes erlebt. Jetzt sind sie zwar sicher, aber eingesperrt in einem Lager im freien Thailand, aus dem sie nicht oder nur schwer herauskommen. Sie sehen den Wohlstand, an dem sie nicht teilhaben dürfen, sind aber gleichzeitig allen Verlockungen des Konsumzwangs ausgesetzt, den sie sich nicht leisten können.

Dieses Eingesperrtsein scheint mir das Schlimmste. Egal ob im Flüchtlingslager oder in den Siedlungen in Thailand oder in den Verstecken der IDP's. Die Menschen können nicht vor und nicht zurück. Sie sitzen wie eine Maus in ihrem Loch vor dem eine hungrige Katze mit ihrer ganzen Verwandtschaft lauert. Diese Hilflosigkeit, diese Ausweglosigkeit, diese Aussichtslosigkeit ist für mich als Mensch, der Freiheit gewöhnt ist, der wie selbstverständlich vor die Türe tritt und überall hin kann, wo er hin will, der alles tun kann, was er tun will, unvorstellbar.

Ich bin jetzt eine Woche hier, ich habe mich bemüht, mich in die Situation der Menschen hinein zu denken, zu fühlen. Aber es geht nicht. Acht Stunden Fußmarsch von hier wartet ein Boot, das mich zurück bringt in meine Welt. Das ist mein Sicherheitsventil, mein „Aus-Schalter“, und den kann ich nicht wegdenken. Ich weiß, dass ich meinen Ausstieg habe, wann immer ich ihn will, ihn brauche. Darum kann ich auch nicht nachempfinden, was die Menschen hier, in den Verstecken, den Lagern, auf der Flucht empfinden, die keinen Ausweg haben. Ich weiß nur eines, ich werde mich noch intensiver, noch beherzter für sie einsetzen. Mehr kann ich nicht tun. Zumindest nicht im Moment.

Es ist einfach nur schön

Irgendetwas stimmt nicht. Zuerst sollten wir einen kürzeren Weg zum Salween nehmen. Dann hieß es, geht nicht. Dann hieß es, Gepäck hier lassen.

Minen in Burma

- Burma ist eines von weltweit 14 Ländern, das sich offiziell zur Produktion und dem Einsatz von mindestens 3 verschiedenen Typen von Landminen bekennt.
- Die Militärregierung Burmas hat seit 1999 an keinem Treffen internationaler Organisationen zum Bann der Landminen teilgenommen und ebenso wenig diesbezügliche Verzichtsverträge unterschrieben.
- Die Anti Personen Landminen (APL) wurden erstmals im Jahre 1960 eingesetzt und sind gegen die Zivilbevölkerung wie auch gegen die Soldaten der Volksarmeen gerichtet. Besonders in den Grenzregionen sind sie weit verbreitet und der Einsatz nimmt jährlich zu.
- Mindestens 14 Volksarmeen der Minderheiten setzen ebenfalls Minen als Waffen im Kampf gegen das Regime ein.
- Die Zahl der Opfer ist schwer erfassbar. Verschiedene Quellen sprechen von 600 bis 1.500 Minenopfer pro Jahr.
- Als schwer mit Minen verseucht gelten vor allem der Osten Burmas (Karen, Karenni und Shan Gebiete) und einige Gegenden an der Grenze zu Bangladesch.
- Die Versorgung der Minenopfer in Burma ist sehr beschränkt und teuer. Rehabilitationsprogramme werden durch das Internationale Komitee des Roten Kreuzes und anderen NGO's angeboten.
- Viele Minenopfer werden nach Thailand, vor allem an die Mae Tao Klinik gebracht. Dort wird mit Unterstützung von Helfen ohne Grenzen und dem Land Südtirol eine Prothesenwerkstatt betrieben und 200 Prothesen pro Jahr hergestellt.
- Es gibt kein Entminungsprogramm. Die Regierungsarmee zwingt Dorfbewohner zu Trägerdiensten und dabei als lebende Minendetektoren dem Tross voran zu marschieren.

Träger würden es den kürzeren Weg zum Boot bringen. Dadurch wären wir schneller. Dann hieß es, im Morgen vor Einbruch der Dämmerung das Dorf verlassen. Gibt es Probleme? Nein, alles in bester Ordnung. Es sei vernünftiger so.

Aber warum warten wir jetzt an jeder Weggabelung? Warum rufen die jungen KNLA Krieger mit ihren Funkgeräten jedes Mal die Vorgesetzten, fragen und entscheiden erst dann, wohin wir abbiegen? Warum werden sie dann auf Halbweg von anderen, erfahrenen Dschungelkämpfern abgelöst? Unsere Freunde lächeln nur, aber ganz wohl ist ihnen dabei nicht.

So hatschen wir schicksalsergeben den KNLA Kämpfern nach, schwitzen, keuchen, versuchen, die Übersicht zu behalten. Wir fühlen uns hilflos. Ohne ortskundige Führer wären wir verloren. Oder fast, denn von der Ferne sieht man ein schmales Nebelband. Dort fließt der Salween. Zumindest das beruhigt. Würden wir alleine und vor allem heil da hinkommen? Unbemerkt an den SPDC Posten vorbei? Und an den Minen?

Die erste Steigung geht 2 Stunden lang steil und fast ohne Serpentinen den Berg hinauf. Da schwitzen sogar unsere Freunde. Ha, so schlecht sind wir „Westler" also auch nicht. Die Landschaft ist schön. Berge, wohin das Auge reicht, alle vom Urwald bedeckt, keiner höher als 1.500 Meter. Es gibt nichts, was auf Menschen hindeutet. Kein Turm, kein Rauch, keine Antenne, kein Lärm. Es ist einfach nur schön.

Und mit der Zeit genieße ich die Wanderung, lass mir das ein oder andere noch erklären, bewundere die Menschen, die mit Lasten von über 50 Kilo am Buckel den Berg hinaufstapfen, staune über die wohl selbst gebastelten, langläufigen Vorderlader, mit denen sie auf die Jagd gehen. Sie zeigen sie uns gerne, ihre Waffen aus Großvaters Zeiten, laden uns zum Schießen ein. Aber wir lehnen ab. Zu unsicher scheint das Jagdgerät. Aber unser KNLA Schutz lässt es sich nicht nehmen, seine Schießkünste unter Beweis zu stellen. Und das, obwohl die SPDC in der Nähe ein Lager hat!

Zu Jagen gibt es nicht mehr viel, so erzählen sie uns. Die Menschen leben hier nur von den kargen Erträgen ihrer Felder und von der Jagd. Darum sind die Wälder schon ziemlich leer. Vielleicht ist das mit ein Grund für das Schweigen des Dschungels, das mir immer wieder auffällt und mich von nun an, genau wie seine Tränen, mehr bedrückt, als beglückt.

① Weihnachtsfeier im Exil: SEND US HOME

② Reis für die Familien

③ Die Freude der Buben

Am späten Nachmittag erreichen wir den Salween. Das Boot mit unserem Gepäck trifft kurz darauf ein. Unser KNLA Begleitschutz verschwindet nach kurzem Gruß und mit einem traurig anmutenden Lächeln im Gebüsch. Wir müssen eine Gangsterkappe überziehen, so eine mit Schlitzen für Augen und Mund. Und fast vor jeder Flusswindung ziehen sie noch eine dreckige Plane über uns. Keiner soll uns sehen. Ich verstehe die Sicherheitsmaßnahmen nicht. Es ist das gleiche Stück Fluss, das wir bei der Hinreise gefahren sind. Damals hatten einfaches Wegsehen und eine KNLA Uniform genügt. Warum diesmal nicht? Lächeln! Hat jemand den Burmesen oder Thailändern einen Wink gegeben?

Die Vorfreude auf eine warme Dusche und ein weiches Bett wurde auch zunichte gemacht. Wir mussten aus Sicherheitsgründen eine Nacht am Fluss verbringen, in dem kleinen KNLA Posten, den wir schon auf der Hinreise besucht hatten. Nun, meine Karen Freunde und meine Schutzengel werden schon wissen warum. Wir haben auch keine andere Wahl, als zu akzeptieren.

Es ist ein idyllischer Abend, am Salween, in der untergehenden Sonne, in der Dämmerung, in der hereinbrechenden Nacht. Wir schlafen in einer dreckigen Soldatenhütte, die Männer haben sie für uns geräumt. Für mehr wäre auch kaum Platz gewesen. Wir schlafen inmitten von handflächegroßen Spinnen, rundum beschützt von einem Moskitonetz. Es war das erste Mal, dass wir ein Moskitonetz benutzen mussten. Ich kann mich an keinen Mückenstich erinnern, aber an die schwere Malariaerkrankung, die 12 Tage später ausbrach, sicher noch lange Zeit.

Die Flüchtlinge

- Durch die gewaltsame Unterdrückung und die Politik der großräumigen Zwangsumsiedlungen hat die SPDC ungefähr 2 Millionen Menschen, die meisten Angehörige der verschiedenen Minderheitenvölker, zur Flucht gezwungen.

- Durch regelmäßige Angriffe auf die Siedlungen der Menschen, wobei Brandschatzungen, Plünderungen, Folter, Totschlag und Vergewaltigung als Waffe eingesetzt werden, erhöht sich diese Zahl von Jahr zu Jahr.

- Die Zahl der Flüchtlinge und Vertriebenen beträgt alleine in Thailand, je nach Quelle, bis zu einer Million Menschen. Dazu kommen noch die Menschen, die in Bangladesch, Indien und China Zuflucht gefunden haben.

- Nur knapp 200.000 der Flüchtlinge werden in Flüchtlingslagern grundversorgt, viele Geflohene hingegen fristen ein menschenunwürdiges Dasein in den Siedlungen und Ghettos in und um die Städte der Gastländer.

- In Burma selbst versteckt sich ungefähr eine Million Menschen als Internally Displaced People (IDP) vor den Angriffen der SPDC, davon 560.000 im Westen des Landes nahe der Grenze zu Thailand.

Daheim?

Und so gelangten wir am nächsten Tag sicher nach Hause. Alles ist gut gegangen, niemand hat uns gesehen, niemand hat uns aufgehalten. Wir sind angelangt im sicheren Hafen Thailand. Hier schießt niemand auf uns, hier gibt es Straßen und Häuser, Kühlschränke und Klimaanlagen, Fernsehen und Kinos, hier gibt es Supermärkte und Restaurants, Mobiltelefon und Internet, und es gibt dasselbe herunter gekommene Auto, das uns abholt und heimbringt. Und es gibt ein amerikanisches SevenEleven vor dem ich wie belämmert stehe, ein Magnum-Eis in der rechten Hand, einen Energydrink in der Linken. Ich blicke Richtung Karen-Staat, Richtung Burma, denke an die Menschen, an diese liebenswerten, warmherzigen, freundlichen, liebevollen, tapferen Menschen und weiß nicht, wie mir eigentlich geschieht. Ich bin verunsichert, orientierungslos, traurig. Meine Welt hat mich wieder. Aber nicht mehr ganz. Ein Teil von mir ist zurück geblieben.

①

②

③

① Nach Hause im Gangsterlook

② Bald ist es geschafft

③ Darum schweigt der Dschungel

Die IDPs – Internally Displaced People

- In Burma selbst versteckt sich mehr als eine Million Menschen vor den regelmäßigen Angriffen der SPDC. Diese Zahl erhöht sich von Jahr zu Jahr. Eine gigantische menschliche Katastrophe spielt sich im Verborgen und weitgehend unbeachtet von der Weltöffentlichkeit ab.

- Durch diese Politik der Vertreibung und Zwangsumsiedlung aus politischen und wirtschaftlichen Interessen sind weite Gebiete entvölkert.

- Um den Menschen die Rückkehr zu vergraulen, werden ganze Gebiete zu „Free Fire Zones“ erklärt, in welchen die Militärs ohne Vorwarnung auf Menschen schießen dürfen.

- Die Volksgruppe der Shan berichtet von 219.000 IDPs, die Karen von bis zu 135.000 und die Karennis von 49.000. Insgesamt gibt es alleine im Osten Burmas mindestens 560.000 Internally Displaced People.

- Die Menschen verstecken sich zumeist in den schwer zugänglichen Dschungelgebieten. Die provisorischen Hütten bieten kaum Schutz vor Regen und Kälte, die Nahrung ist einseitig und unzureichend, medizinische Betreuung und Schulen gibt es so gut wie keine.

- Versorgt werden die IDPs notdürftig von den eigenen Volksarmeen und von einigen Exilorganisationen. Dazu zählen die über 75 Rucksacksanitäter-Teams (Back Pack Health Workers Teams), die sich von Thailand aus um die notdürftige medizinische Versorgung eines geringen Teils dieser internen Flüchtlinge kümmern.

- Den internationalen Hilfsorganisationen in Burma ist es von Regierungsseite nicht gestattet, in die Minderheitengebiete vorzudringen und den IDPs Hilfe zu leisten.

Die Flüchtlingslager

- An die 200.000 vertriebene Menschen suchen Schutz in den 14 Flüchtlingslagern in Thailand (12) und Bangladesh (2). Das größte Lager Mae La in Thailand hat knapp 50.000 Bewohner.
- In den Lagern werden die Menschen von internationalen Hilfsorganisationen, die in den Gastländern akkreditiert sind, betreut und versorgt.
- Den Flüchtlingen wird ein Stück Fläche zugewiesen, dort können sie ihre Hütte errichten.
- Üblicherweise erhalten sie genügend Reis, die traditionelle Fischpaste, Linsen und Kochöl. Für Gemüse, Eier, Fleisch und Fisch müssen sie irgendwie selbst sorgen.
- Die Menschen dürfen die Lager nicht verlassen. Nur Wenige gehen außerhalb der Flüchtlingslager einer Arbeit nach.
- In den Lagern gibt es sauberes Trinkwasser, Toiletten und Duschen, Schulen bis zur Oberstufe, berufliche Ausbildungsmöglichkeiten, Frauenhäuser, Waisenhäuser, Kirchen, Moscheen und Pagoden, einen medizinischen Dienst und einige Sportplätze.

Die Flüchtlingslager in Thailand.

Quelle: Between Worlds, Twenty Years on the Border. Thai Burma Border Consortium

Kurz nach meiner
sicheren Heimkehr startete
die SPDC heftige
Angriffe gegen die Karen.
Hunderte Dörfer wurden
dem Erdboden gleich
gemacht, Dutzende
Erwachsene, Alte und
Kinder getötet, viele
Frauen vergewaltigt,
über 1.000 Männer
und Frauen zu
Zwangsträgerdiensten
entführt und über 16.000
Menschen zur
Flucht gezwungen.

Meine Gedanken
sind bei ihnen.

Einige Abkürzungen

AAPPB Assistance Association for Political Prisoners (Burma)
ABSDF All-Burma Students Democratic Front
ALP Arakan Liberation Party
APL Antipersonnel Landmines
ASEAN Association of Southeast Asian Nations
ASEM Asia Europe Meeting
BIA Burmese Independence Army
BMWEC Burmese Migrant Workers Education Committee
BPHWT Back Pack Health Workers Teams
CNF Chin National Front
DKBA Democratic Karen Buddhist Army
DVB Democratic Voice of Burma
FBR Free Burma Rangers
IDP Internally Displaced Person (or People)
ILO International Labour Organization
KED Karen Education Department
KIO Kachin Independence Organisation
KNLP Kayan New Land Party
KNPP Karen National Progressive Party
KNPLF Karenni State Nationalities People's Liberation Force
KNU Karen National Union
KNLA Karen National Liberation Army
KRC Karen Refugee Committee
KWO Karen Women Organisation
KYO Karen Youth Organisation
LNO Lahu National Organization
MTC Mae Tao Clinic
NCGUB National Coalition Government of the Union of Burma
NDF Nationalities Democratic Front
NGO Non Governmental Organization
NLD National League for Democracy
NMSP New Mon State Party
SLORC State Law and Order Restoration Council
SPDC State Peace and Development Council
SSA Shan State Army
SSNPLO Shan State Nationalities People's Liberation Organisation
SSPP Shan State Progressive Party
SWAN Shan Women Action Network
TBBC Thai Burma Border Consortium
UNO United Nations Organisation
USWA United Wa State Army
WNO Wa National Organization

Literatur zu Burma

Bücher

Allen, Luis: Burma – The longest war 1941 – 45, Phoenix press
Assistance Association for Political Prisoners (Burma): Spirit of Survival, AAPPB Eigenverlag
Aung San Suu Kyi: Letters from Burma, Penguin
Aung San Suu Kyi: Der Weg zur Freiheit, Bastei Lübbe
Babault, Egghardt, Friesenbichler: Burma – Reich der goldenen Pagoden, Terra Magica Spektrum
Bates, Richard F.: A teenager in Burma – Memories of Military Service, 1st Books Library
Brighi, Cecilia: Il Pavone e i generali. Birmania - Storie da un paese in gabbia. Ed. Baldini Castaldi Dalai.
Clements, Alan and Kean, Leslie: Burmas Revolution of the Spirit, White Orchid Press
Fink, Christina: Living Silence – Burma under Military Rule, ZED Books London
Gosh, Amitav: In einem alten Land, BTB
Gosh, Amitav: Der Glaspalast, Blessing
Karen Human Rights Group: Suffering in Silence, Universal Publishers
Koetsawang, Pim: In search of sunlight – Burmese Migrant Workers in Thailand, Orchid Press
Ling, Bettina: Aung San Suu Kyi, The Feminist Press
Lintner, Beril: Burma in Revolt – Opium and Insurgency since 1948, Silkworm Books
Manson, Daniel: Der Klavierspieler ihrer Majestät, Blessing
Moe Aye: Zehn Jahre weiter, AAPPB Eigenverlag
Mawdsley, James: The heart must break, Arrow
Morisson, Jan: Grandfather Longlegs, Faber and Faber
Orwell, George: Tage in Burma, Diogenes Verlag
Po, Dr. San C.: Burma and the Karens, Elliot Stock – London
Rogers, Benedict: A Land without Evil, Monarch Books
Saitner, Gerard und Winterfeld, Bettina: Burma (Bildband), Bucher
Sargent, Inge: Mein Leben als Sao Thusandi…, Bastei Lübbe
Saw Aung Hla: Karen History, Rangoon 1939
Saw Bo Mya: Memoirs on my true past experiences…, Eigenverlag
Sebastian, Klaus: Schatten über Burma, Books on Demand
Sendker, Jan Philipp: Herzenhören, Blessing
Syrota, Timothy: Welcome to Burma and enjoy the totalitarian experience, Orchid Press
Thornton, Phil: Restless Souls, Asia Books

Dokumente

Amnesty International: Burma Jahresbericht 2005
Asienhaus – Ulrike Bey (Hrsg.): Armut im Land der Goldenen Pagoden
Child Soldiers Global Report – Burma 2004
Deutsche Koordination Kindersoldaten: Weltreport 2004 Kindersoldaten
Global IDP Project: Burma: displacement continues unabated in one of the world's worst IDP situations – 2004
Havel, Vaclav und Tutu, Desmond: A Call for the UN Security Council to Act in Burma
Human Rights Documentation Unit: Human Rights Yearbook – Burma 2001-2002
Human Rights Documentation Unit: Human Rights Yearbook – Burma 2002- 2003
Human Rights Documentation Unit: Human Rights Yearbook – Burma 2004
Human Rights Documentation Unit: Human Rights Yearbook – Burma 2005
Federation of Trade Unions of Burma (FTUB): Forced Labour in Burma (Myanmar), 2005
Johns Hopkins Bloomberg: Responding to AIDS, TB, Malaria ...., Medical Report 2006
Karen Women Organisation – KWO: Shattering Silences
Karenni Development Research Group: Damned by Burma's Generals
Peace Way Foundation: IDPs in Burma
Physicians for Human Rights: Migration, Trafficking and Exploitation of Burmese Women in Thailand
Pinheiro, Paolo Sergio – UN Special rapporteur: Situation of Human rights in Burma - 2006
Shan Women Action Network: Lizenz zum Vergewaltigen (im Original: Licence to Rape)
Thai Burma Border Consortium: Internal Displacement and Protection in Eastern Burma
Thai Burma Border Consortium: Between Worlds – twenty years on the Border
Tharckabaw, David and Watson, Roland: The Karen People of Burma
US State Department: Burma - Country Reports on Human Rights Practices 2004
US State Department: Burma - Country Reports on Human Rights Practices 2005
Verschiedene: Damming at gunpoint, Burma Army atrocities pave the way for Salween Dams

Internet

Assistance Association for Political Prisoners Burma: www.aappb.org
Aung San Suu Kyi: www.dassk.org
Burma News: www.burmaproject.org
Burma Online Libraray: www.burmalibrary.org
Democratic Voice of Burma: www.dvb.no
Die Homepage der Karen: www.karen.org
Free Burma Rangers: www.freeburmarangers.org
Human Rights Watch: hrw.org
ILO – Kinderarbeit: www.ilo.org
Karen Geschichte: www.ibiblio.org/obl/docs3/karenmuseum-01/index.htm
Myanmar – Auf einen Blick: www.auswaertiges-amt.de
Myanmar – Die Seite der Generäle: www.myanmar.com
National Democratic Front: www.ndf-burma.org
Refugees International: www.refintl.org
The Irrawaddy: www.irrawaddy.org/
UNHCR: www.unhcr.org
UNESCO: www.unesco.org
Unrepresented Nations and Peoples Organisation: www.unpo.org
Wikipedia: www.wikipedia.com

Porträt Benno Röggla

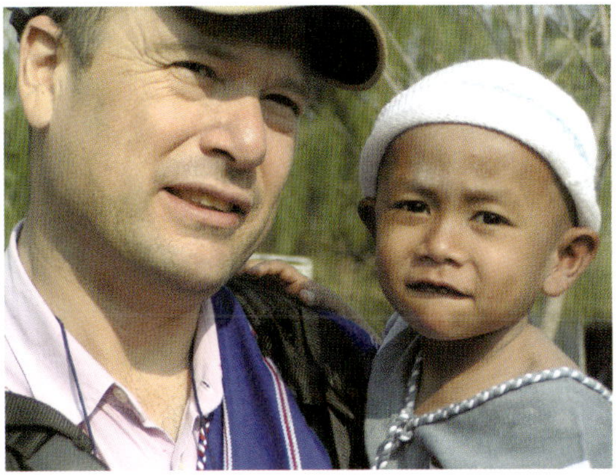

Benno Röggla und sein kleiner Freund,
der tapfere Pasoghe

Benno Röggla, Jahrgang 1957, ist studierter Betriebswirt und arbeitet als selbständiger Marketing- und Unternehmensberater in Südtirol/ Italien.

Erst seit 2002 ist er in seiner Freizeit in der Entwicklungshilfe tätig. Persönliche Reisen nach Burma und an die Flüchtlingsgrenze in Thailand haben ihn dem wahren Burma und der dramatischen Wirklichkeit der Menschen, vor allem der vielen Minderheiten, näher gebracht. Die Begegnung mit den Flüchtlingen und deren unvorstellbarem Leid haben seinem Leben eine Wende gegeben. Er gründete Helfen ohne Grenzen und setzt sich seitdem mit voller Kraft für die Verbesserung ihrer Lebenssituation ein.

Am 15. August 2006 wurde Benno Röggla für Helfen ohne Grenzen mit der Verdienstmedaille des Landes Tirol ausgezeichnet.